自閉症児に対する日常の文脈を用いた言語指導

ことばの支援とその般化促進

関戸英紀　著

川島書店

まえがき

　本書は，2015年に東京学芸大学大学院連合学校教育学研究科に提出した学位請求論文「自閉症児に対する日常の文脈を用いた言語指導とその般化促進」を修正加筆したものである。

　1987年に，筆者は横浜市立の知的障害養護学校に着任した。そこで出会ったのが自閉症のK児（研究1）である。彼は，有意味音声言語は2語だけであったが，理解語彙が280語あり，そのうちの約半数を書字することができた。そこで，彼に対して書字による要求言語行動を形成してみようと思ったことが，一連の研究の始まりである。その後，横浜国立大学教育学部附属養護学校に異動した。学級担任として担当したK児（研究2），D児（研究3）に対しても，言語・コミュニケーションに関する指導・研究を行った。いずれの研究も，対象児の指導課題を先行研究に重ね合わせ，学校生活の様々な機会を取り上げて，試行錯誤しながら指導を行ってきた。また，K児の中学部の3年間を筆者が担当したが，自閉症児の行動特性について彼から学ぶことが多かった。

　1996年に，横浜国立大学教育学部に配置換えとなった。その後は，応用行動分析学に基づいた教育実践を提唱している日本行動教育研究会で出会った自閉症児を中心に，学生とともに実践的な研究を重ねてきた。あいさつ語の習得に関する研究は，当時中学生だったT児（研究4）から始まった。また，彼には，ジャンケン技能の習得に関する研究にも参加してもらった。M児（研究5）は，唯一女児で，学部や大学院の学生の指導や研究にも協力をしてもらった。A児とB児（研究6）には，長期間にわたり，保護者とともに夕食前の慌ただしい時間に大学に来てもらった。また，保護者には，多忙中，日常生活での般化に関する丁寧な記録を取っていただいた。

　今日まで，筆者の興味・関心や学校教育現場のニーズに基づくままに，自閉

症やその周辺の子どもたちを対象に様々な実践的な研究を行ってきた。研究1が発表されたのが1996年であり，研究6が発表されたのが2014年である。この間に，約20年の歳月が流れていることに今更ながら気づいた。本書は，1研究者である筆者の20年間の研究の足跡であるともいえる。その一方で，「自閉症児に対する言語・コミュニケーションの指導とその般化促進」は，古くて新しい永遠のテーマであり，この先もゴールは見えてこない。今後も，一歩ずつ歩んでいければ，と思いを新たにしている。

　本書が完成するまでに多くの方々からご指導とご配慮をいただいた。早稲田大学名誉教授の鈴木陽子先生には，在学中から研究にかかわる種々の貴重な機会を与えていただいた。横浜国立大学名誉教授の渡辺健郎先生からは，応用行動分析学の基礎・基本を学ばせていただいた。横浜国立大学名誉教授の鈴村健治先生には，研究に取り組む姿勢と研究論文の書き方を教えていただいた。横浜国立大学教育人間科学部教授中川辰雄先生からは，学位の取得にあたり多大なるご配慮をいただいた。そして，川島書店の杉秀明氏には本書の刊行に際して，一方ならぬご尽力をいただいた。ここに記して，感謝の意を表したい。

　最後に，本書が，自閉症の人たちのQOLの向上にいささかでも貢献できれば，また彼らの周囲にいる方々の支援の参考になれば，幸甚である。

2016年7月20日

関戸英紀

目　次

まえがき

第1章　序論 …………………………………………………………………… 1
　第1節　近年の言語指導研究の動向 ………………………………………… 2
　第2節　相互作用アプローチの理論と手続き ……………………………… 6
　第3節　機会利用型指導法の理論と手続き ………………………………… 10
　第4節　共同行為ルーティンを用いた指導法の理論と手続き …………… 14
　第5節　特別支援学校等における自閉症児に対する言語指導法
　　　　　に求められる条件 ………………………………………………… 20
　第6節　本研究の目的 ………………………………………………………… 22

第2章　自閉症児に対する日常の文脈を用いた言語指導と
　　　　その般化促進 …………………………………………………………… 25
　研究1　自閉症児における書字を用いた要求言語行動の形成と
　　　　　その般化促進―物品，人，および機能の般化を中心に― ……… 26
　研究2　自閉症児に対するスクリプトを利用した電話による応
　　　　　答の指導 ……………………………………………………………… 43
　研究3　一自閉症児における応答的発話の習得
　　　　　―共同行為ルーティンによる言語指導を通して― ……………… 56
　研究4　あいさつ語の自発的表出に困難を示す自閉症児に対す
　　　　　る共同行為ルーティンによる言語指導 ………………………… 72

> 研究5　自閉症児に対する「ありがとう」の自発的表出を促す
> 　　　　ルーティンを用いた言語指導—異なる場面での般化の検
> 　　　　討を中心に— ··· 87
> 研究6　自閉症児に対する並行指導法を用いた「ありがとう」
> 　　　　の始発の形成とその般化促進—日常生活での場面の般化
> 　　　　を中心に— ··· 102

第3章　結論 ··· 125

第4章　今後の課題 ·· 131

　文献 ·· 135

　人名索引 ·· 147
　事項索引 ·· 151

第1章

序論

第1節　近年の言語指導研究の動向

　発達遅滞児に対する言語・コミュニケーション指導（以下，「言語指導」とする）の最終的な目的は，習得された言語行動が日常的環境において機能的に使用されるようになることである。ところが，1970年代までの発達遅滞児に対する言語形成技法に関する多くの研究は，指導場面の範囲内での言語の指導方法の開発に重点が置かれてきた［Hall & Talkington, 1970；Sosne, Handleman, & Harris, 1979］。すなわち，これらの研究の多くに，「断続試行訓練（discrete trial training)」と呼ばれる指導方法が用いられていた。
　この指導方法は，課題や強化子などが特定され，合図や刺激（例えば，「あなたの鼻を触りなさい」）に対する正しい反応とそれに続く強化（「そうです。それがあなたの鼻です」）というはっきりと分かれた反復練習（断続試行）に重点が置かれた［Banda, 2005］。そして，この指導方法を用い，構造化された単一の指導場面内での新たな指導方法の開発が行われてきた。
　確かに，自閉症児に対する言語指導においても，この指導方法によって音声言語の表出［Koegel, O'Dell, & Dunlap, 1988］，サイン言語の表出［Buffington, Krantz, McClannahan, & Poulson, 1998］，wh-質問への応答［Handleman, 1979, 1981；Secan, Egel, & Tilley, 1989］，4語文を用いた叙述の表出［Krantz, Zalewski, Hall, Fenski, & McClannahan, 1981］などの成果がみられている。しかし，その反面，発達遅滞児が指導場面で習得した言語行動が，表出が求められる場面や指導者以外の人に対してほとんど「般化」しなかったという問題が指摘されてきた［Cooke, Cooke, & Apolloni, 1976；出口・山本，1985；Garcia, 1974；Rincover & Koegel, 1975; Rogers-Warren & Warren, 1980；志賀，1990］。とりわけ自閉症児に般化の困難性が指摘されていることから，自閉症児を指導する際にこの般化の問題はきわめて重要な課題となる［Cowan, 2005］。

なお，本研究においては"般化"を，「指導をしていない様々な条件（すなわち，対象者・場面・行動・時間など）のもとで，指導条件と同じ事態が計画されることなしに指導対象となった行動が生起すること」と定義する［Stokes & Baer, 1977］。

この般化の問題を解決するために，1970年代の後半になると，構造化された指導場面における断続試行訓練の中に，般化を促進するための技法を計画的に組み込んでいくことの必要性が提唱された［中野，1983；Stokes & Baer, 1977］。例えば，Stokes and Baer［1977］は，①複数の異なる場面で指導すること，②指導場面において間欠強化スケジュールを用いること，③複数の指導者によって指導すること，④十分な事例を指導すること，⑤複数の事例を同時に指導すること，⑥場面間に共通の刺激を設定すること，⑦日常的環境にある強化システムを活用するための反応を指導することの7つの般化促進技法をあげ，般化を促進するためにこれらの技法を計画的にプログラムに組み込むことの重要性を指摘してきた。Stokes, Baer, and Jackson［1974］は，施設居住の知的障害児に挨拶の指導を行ったが，十分な般化がみられなかったため，もう一人の指導者が共同で指導にあたったところ，20人以上の施設の職員や来所者に対して挨拶の般化がみられたことを報告している。また，Stokes and Baer［1976］は，単語の認識に困難を示す2名の学習困難児を，指導場面ばかりでなく，日常場面においてもお互いに教えあう（peer-tutor）ように指導したところ，両者に安定した般化がみられたことを報告している。

しかしながら，これらの般化促進技法を言語形成プログラムの中に計画的に組み込んだ場合でも，日常場面において限定的な般化しかみられなかったという報告もある［Garcia, 1974；望月・野崎・渡辺，1988；Simic & Bucher, 1980］。望月ら［1988］は，施設居住の2名の聾と知的障害のある対象者に要求言語行動を形成する際に，複数の指導者による指導や場面間での共通刺激の導入を手続きの中に組み込んだが，それだけでは日常場面での般化がみられなかったことを報告している。

ところで，近年，自閉症児に対する効果的な補助代替コミュニケーションシ

ステムとして，Picture Exchange Communication System（以下，「PECS」とする）が注目されている。PECS は，Frost and Bondy［1994］により開発され，絵カードを用いて自分から始発する機能的なコミュニケーション行動を，比較的短期間で教えられる指導方法である。自閉症児に写真カードによる要求伝達行動の習得を指導し，日常場面における般化や自発を促進するための要因を検討した河津・井上・藤田［1996］は，日常場面への般化を促進する重要な要因として，日常場面でのコミュニケーション行動の生態学的な評価を行うことをあげている。しかしながら，PECS に関するこれまでの研究では，コミュニケーション行動の生態学的なアセスメントや日常場面に般化させるためにどのような方略を用いたか等について詳細に報告したものは少ない［小井田・園山・竹内，2003］。

　その後も，断続試行訓練に般化促進技法をどのように系統的に組み込んでいけば般化が確実にもたらされるか，についての検討が継続して行われてきている［Goldstein, 2002 ; Tsiouri, Simmons, & Paul, 2012］。

　一方，わが国においても，1980 年代後半から 90 年代にかけて，「言語指導における自然な方法」［大井，1994］を志向するアプローチがみられ始めてきた。このアプローチでは，子どもの言語指導におけるキー・ワードを「自然さ」であるととらえている。Schiefelbusch［1992］は，1990 年前後以降の言語指導の特徴として，子どもがそこで言語の社会的機能（以下，「機能」とする）を学んだり，教えられたりする自然な条件と文脈をつくり出そうとしていることをあげている。

　それでは，なぜ自然さを追求する必要があるのであろうか。その理由として，大井［1994］は次の 3 点を指摘している。1 つめとして指導における子どもの自発性を尊重するために，2 つめとして指導を日常またはそれに近い場面で行うために，3 つめとして子どもの周囲にいる普通の人々にも指導に参加する機会を提供するために，ということがあげられている。自然さを追求する指導では，子どもが興味や関心をもっている事柄や子ども自身の伝達の必要性に応じて指導が展開される。また，遊び・朝の会・給食などの子どもの日常生活日課

が自然な活動として選ばれ，指導場所も「言語指導室」を出て，家庭，学校・園の教室などの日常の自然な空間で行われる．さらに，指導には言語指導の専門家ばかりでなく，両親・教師・保育者など日常的に子どもと接している様々な人たちもかかわることになる．

　このような変化が起きてきた背景として，大井［1994］は，従来の言語指導に対する反省と言語習得研究における「語用論革命」［McTear & Conti-Ramsden, 1992］の2つのことをあげている．すなわち，前者では，上述したように，言語指導室のような非日常的な場面で言語指導を行っても，①習得された言語行動の般化が日常場面でみられなかったこと，②子どもの興味・関心や経験と関連性が低い事柄について言語指導をしてもあまり意味がないこと，③「よく言えたね」というような強化が随伴されて形成された言語行動は，必ずしも強化が伴うとは限らない日常場面で維持されることが困難であること，が指摘されている．こうした従来の言語指導の反省から新たなアプローチの方法が求められるようになってきた．一方，後者では，1970年代後半から80年代前半にかけて，社会的文脈において言語を使うことがその構造と内容を生み出すとする立場からの語用論革命［McTear & Conti-Ramsden, 1992］が起きた．すなわち，1970年初頭からそれまで信じられてきた言語生得説，あるいは言語学習説への批判が生じ，言語が子どもと環境（周囲の大人・子ども，物，事柄など）との相互交渉によって習得されることが次第に明らかにされてきた．そして，乳幼児期から自然な場面において，子どもは両親と非音声的な手段を用いてコミュニケーションを行い，概念を形成し，これらが1歳以降の音声言語の意味・文法・会話能力の基盤となる，と考えられるようになってきた［長崎，1989］．その後，これらの成果は言語指導に新しいモデルを提供することになった．

　この言語指導における自然な方法として，現在わが国では，主として「相互作用アプローチ」(inter reactive learning；INREALもその1つである)，「共同行為ルーティン（joint action routine）」を用いた指導法，「機会利用型指導法（incidental teaching）」の3つの方法が用いられている．これらの3つの

方法は，どれも自然さを志向している点で共通するが，理論的な基盤と指導方法はそれぞれ異なっている。すなわち，相互作用アプローチと共同行為ルーティンを用いた指導法は，子どもの言語習得において大人との伝達的な相互作用が果たす役割に関する研究成果に基づいている。これに対して，機会利用型指導法は応用行動分析学の研究成果に立脚している。

第2節　相互作用アプローチの理論と手続き

　相互作用アプローチは，子どもと大人との相互作用スタイルおよび大人の言語入力の特徴が，言語習得に与える影響に関する発達的な研究に基づいて指導の基本方針を構成している。Yoder and Kaiser［1989］は，多語発話が可能で，母親の質問に応答的な子どもには，母親からの情報要求および確認要求が増加し，子どもの統語能力と会話への興味が促進される，という関係を示唆している。逆に，統語構造が乏しく，会話において応答的でない子どもをもつ母親は，紋切型の質問と1語発話を誘発する指示発話が増えてしまい，よい影響を与えることができなくなる，と考えられている。具体的には，命令や指示等大人が子どもに何かさせようとか，言わせようとかする「指示性」を減らし，子どもが示すものを大人が命名したり，子どもの発話を拡充したりする大人の「応答性」を高めることで，子どもの相互作用への寄与を保障しようとする。それと同時に，子どもと大人との間でより幅広く，より精緻なメッセージの交換が行われるように相互作用の質を高めていく。これらのことが，このアプローチの理論的な背景となっている。そのために，相互作用を子ども中心のものとし，しかも相互作用を促進し，学習のための適切な言語モデルを提供する技法を用いる。

　まず，子ども主導で相互作用を進めるように心がけ，子どもの注意の焦点や話題に沿って応答することが指導者に求められる。次に，子どもに自発的な伝達の機会が提供され，かつ会話に対する両者の貢献の均衡が図られるよう大人

は子どもの伝達を待つようにし，大人ばかり話さないようにする。さらに，大人には子どもの学習に役立つような話し方が求められる。すなわち，子どもの活動に関連のあることを話し，子どもにとって分かりやすいことばを使い，また子どものことばを広げるようにする必要がある［大井，1994］。子どもの発話に対する大人の反応の技法として，具体的には，ミラリング（子どもの行動をそのまままねる），モニタリング（子どもの音声やことばをそのまままねる），パラレル・トーク（子どもの行動や気持ちを言語化する），セルフ・トーク（大人自身の行動や気持ちを言語化する），リフレクティング（子どもの言い誤りを正しく言い直して聞かせる），エキスパンション（子どものことばを意味的，文法的に広げて返す），モデリング（子どもに新しい言葉のモデルを示す）といった言語心理学的技法が用いられる［竹田，1994］。桝蔵［1992］は，中度の知的障害があり，自発的発話が乏しい養護学校中学部3年の生徒に対して，授業の中でSOUL（Silence：静かに見守ること・Observation：よく観察すること・Understanding：深く理解すること・Listening：耳を傾けること），生徒の反応を待つ，発話を生徒のレベルに合わせるなどの技法を取り入れた結果，対象生徒の発話が増大し，それにともなって教師の指示的な態度が応答的な態度に変化したことを報告している。

　なお，相互作用アプローチでは他の指導法と異なって，標的となる特定のコミュニケーション行動（例えば，動詞の使用など）をあらかじめ設定することはしない。また，プロンプトなどの技法も一切用いず，活動を訓練的なものにすることもしない。そこでは，子どもの自由な活動と大人の適切な応答が期待されている。手続きの特徴は，大人に対するフィードバックにビデオ記録を用い，それを分析することにある。大井［1993］は，慣習的な身ぶりや音声による意図的伝達がみられない重度知的障害児に対して，相互作用場面のビデオ記録に基づく大人からの伝達の帰属（attribution）を検討した。その結果，INREALに準拠したターンごとのビデオ分析を大人に経験させると，対象児に対する伝達の帰属率が増加することを明らかにした。このことから，大人の応答性を高め，重度知的障害児とのコミュニケーションを改善するうえで，

ターンごとのビデオ分析が有効であることが示唆された。権藤・安藤［1996］は，自閉的傾向を示す発達遅滞男児に対して，2歳11か月から5歳4か月まで月2回の個別指導を行った。その中で，対象児がもっとも興味を示した「いす遊び」のビデオ分析を行った結果，指導開始時には要求を発声や行為で示していたが，3歳3か月のときに初語がみられ，5歳4か月で大人の質問に応答するといった機能の広がりがみられたことを報告している。

河内［2006］は，広汎性発達障害が疑われる2歳8か月の男児に対して，遊びの場面を設定して保護者とともに指導を行った。その結果，対象児に発語はみられなかったが，意図的伝達手段（視線・発声・手差し・指差しなど）が複合化したこと，保護者の指示的なことばかけやかかわりが減少したことを明らかにした。

一方で，高機能広汎性発達障害児に対して，INREALを適用した成果も報告されている。高橋［1997］は，学童期の高機能自閉症児に対して，INREALを用いて会話能力，特に応答能力を育てるかかわりを2年7か月間にわたって行った。その結果，支援方法で効果的であったのは「限定質問」であり，それによって子どもは相手の意図に呼応する自分の意図を焦点化し，適切な応答ができるようになったことを報告している。また，高橋［2005］は，小学5年生から中学1年生を中心とした10人の高機能広汎性発達障害児の集団に対して，INREALによるコミュニケーション・ソーシャルスキル指導を行った。その結果，大人の丁寧で，意図的な支援により，子ども間での相互交渉が社会的な方略を知ることから始まり，問題解決を通じて自己の心情を相手に伝えたり，逆に相手の心情に気づいたりできるようになったことを明らかにした。大井［2004］も，高機能広汎性発達障害児に対する会話中の語用障害の補償を支援するためのツールとして，INREALが有用であることを見いだしている。また，河内・浦上［2008］は，高機能広汎性発達障害の6歳の男児に対して，1年9か月間にわたり月1回程度の個別指導をゲームや簡単な学習場面を用いて行った。その結果，相手に伝わらないと感じたときに補足説明をしたり，ことばの意味が分からないときに尋ね返したりすることができるようになったこと，一

方的な発話や展開が減り，会話の調整機能が身についてきたことを報告している。

　上述したように，相互作用アプローチでは，大人の応答性と子どもの伝達における積極性を高め，相互作用を改善することに成果がみられている。しかし，子どもの伝達的な潜在力を引き出すことはできても，新たな言語構造の習得に有効であるかどうかについては，十分に明らかにされていない［大井，1994］。

　子どもの病因・障害の程度・年齢・学習スタイル・気質・動機などと保護者の障害受容・子どもの能力の見方・人格・動機・家族の支持などの組み合わせによって，多種多様な相互作用があり得ることも示唆されている［Conti-Ramsden, 1989］。このアプローチが，どのようなタイプの子どもにとってもっとも効果があるのかについても，明らかにしていく必要がある。さらに，このアプローチが，大人と子どもの相互作用において大人は子どもに対して指示性が高く，応答性が低いという仮説にだけ依拠することの限界も指摘されており，子どもと大人の会話に関する基礎研究に基づく新たな展望が望まれている［大井，1994］。

　一方，言語指導において般化を測定する際には，標的行動とその達成基準（例えば，標的行動が連続3回自発的に表出されるなど）を設定し，指導結果が達成基準を満たした段階で，指導とは異なる対象者・物品・場面・行動・時間などにおいて，般化の測定が行われる。しかしながら，前述したように，相互作用アプローチでは標的行動や達成基準を設定しないため，指導成果の異なる状況での般化の測定が困難であるといえよう。それゆえに，このアプローチによって改善されたコミュニケーション行動の，日常場面での般化について言及した研究はほとんど見あたらない。わずかに高橋［1997］が，習得された対象児の応答能力や会話の調整能力が日常場面でも活用され，パニックが減少したことをエピソードとして報告しているにすぎない。したがって，改善されたコミュニケーション行動の般化が日常場面においてみられるか否かについて，今後は検討がなされる必要がある。そのためには，まずはこのアプローチに適合した般化の測定方法の開発が求められる。

第3節　機会利用型指導法の理論と手続き

　言語行動は，ある特定の状況のもとで出現し，それが周囲の人たちに強化されることによって習得されていく。すなわち，言語行動は日常生活の自然な文脈の中で生まれ育つものであると考えられる。このような文脈を効果的に利用しようとする発想が，機会利用型指導法にはみられる。

　この機会利用型指導法は，以下のような手続きを基本にしている［佐竹，2000］。なお，ここでは，指導目標として「ちょうだい」を設定した場合でみていく。

　1．子どもが発話する機会を多くするために環境条件を整える。

　環境条件を整えるとは，子どもが遊びの中で頻繁に用いるおもちゃや子どもの好む活動（だっこなど）を前もって把握しておき，おもちゃをあらかじめ子どもの手の届かない棚の上などに置いておいたり，子どもが好む活動を提供する機会を意図的に制限したりすることなどをいう。

　2．子どもが発話で要求してくるのを待つ〔時間遅延〕。

　子どもがおもちゃや指導者のもとに近づいてきて発話するのを，子どもと視線を合わせながら注意深く待つ。子どもが近づいてきてから発話するまでの待ち時間は，あらかじめ決めておくことが重要である（例えば，5秒間とするなど）。

　3．子どもが発話しないならば，指導者は子どもが適切な発話を行うように促す〔言語プロンプト〕。

　単純明快で，子どもの言語理解力に見合ったことばを選ぶようにする。例えば，子どもに「何て言うの」と軽く問いかける。

　4．適切な発話がなされない場合には，指導者が発話モデルを示す。モデルはまず部分提示をし，それでも発話がみられない場合に全提示をする〔モデル提示〕。

　モデルは，子どもがそのまま模倣してもよいように，明瞭で分かりやすく，

かつ自然な感じで提示する。例えば，対象児にモデルの一部である「ち…」あるいは「ちょう…」と提示し，それでも発話がなされない場合に「ちょうだい」と提示する。

5．適切な発話がなされた場合には，すぐに子どもが要求した物や活動を提供する。

要求物は強化子であり，非常に重要な要素である。例えば，子どもが，自発であれ，模倣であれ，「ちょうだい」（場合によっては「…だい」）と言ったら，指導者は即座に要求物を渡す必要がある。

Hart and Risley［1975］は，4～5歳の子どもに対し，自由遊び場面で，例えば子どもが「トラックちょうだい」と言った要求をしたときに，教師は「どうして」「何のために」と言った質問を組織的に行い，「トラックちょうだい，そうしたらそれで遊べるから」と言った複文の産出を促した。また，子どもどうしの会話では，教師が「それをビル（おもちゃで遊んでいる子どもの名前）にちょうだいって言ってごらん」と促し，子どもがちゅうちょしているときには「ビル，アンディ（対象児）がおもちゃをちょうだいって言うからね」と近くの子どもの注意を対象児に向けさせた。その結果，指導前後のベースラインを比較すると，複文の産出が3倍以上に増加したことを報告している。Hart and Risleyは，軽度の言語発達遅滞児に対して，自由場面における自発的言語行動を増加させるうえで機会利用型指導法が有効であることを，色名と品物名との結合［Hart & Risley, 1968］，形容詞や名詞との結合［Hart & Risley, 1974］においても明らかにしている。

また，機会利用型指導法は，要求言語行動の形成においても大きな成果をあげている［阿部，1989；飯島・高橋・野呂，2008；長澤・森島，1992；小笠原・関・河野，1994；Olive, Cruz, Davis, Chan, Lang, O'Reilly, & Dickson, 2007；霜田・岩永・菅野・氏森，1999］。小笠原ら［1994］は，1名の自閉症児と2名の知的障害児に対して機会利用型指導法を用いて要求言語行動の形成を行った。その結果，1名は1語文から2語文への要求が，無発語であった1名は1語文での要求が可能になった。また，もう1名は音声言語による要求言語行動

を習得できなかったが，身ぶりサインによる要求が可能になった。今後の課題として日常場面での般化について検討する必要があることが指摘された。なお，要求言語行動の形成にあたり，コミュニケーションモードとして，阿部［1989］は書字を，飯島ら［2008］は絵カードを，Olive et al.［2007］は音声出力コミュニケーション機器（voice output communication aid；voca）を用いており，音声言語以外のコミュニケーションモードを用いた際にも成果がみられている。

さらに，Mancil, Conroy, and Haydon［2009］は，3名の自閉症児の不適切行動を低減させるために，対象児の家庭において両親が機会利用型指導法を用いて機能的コミュニケーション行動を形成した。その結果，機能的コミュニケーション行動の増加に伴って不適切行動が減少していき，しかも機能的コミュニケーション行動が家庭から教室に般化したことを報告している。加藤・江尻・小山・多田［2005］は，機会利用型指導法が中学2年の女子生徒の不登校の改善に有効であったことを見いだしている。多賀谷・佐々木［2008］は，小学4年生の学級を対象に，機会利用型社会的スキル訓練（SST）を実施したところ，社会的スキルの維持，仲間への認知の肯定的変化，および児童相互のかかわりの深まりが認められたことを明らかにしている。このように近年では，機会利用型指導法は，言語行動以外の行動の改善や形成を標的とした指導においても，有効性が確認されてきている。

一方，自閉症児に対する言語指導において，機会利用型指導法と断続試行訓練の有効性を比較した研究もみられる［Delprato, 2001；Goldstein, 2002；Koegel, 2000；Paul, Campbell, Gilbert, & Tsiouri, 2013］。Delprato［2001］は，断続試行訓練と機会利用型指導法は共に自閉症児の言語習得を促進するうえで有効であるが，機会利用型指導法のほうがより般化が生じやすく，また保護者も断続試行訓練よりも機会利用型指導法のほうを支持している，と述べている。Goldstein［2002］は，機会利用型指導法は日常生活の様々な活動により組み込みやすく，般化をプログラム化する必要性を軽減できることを指摘している。さらに，断続試行訓練は言語構造の習得を指導する際により有効であり，機会

利用型指導法は言語反応の一貫した応用と般化にとって欠かせないこと［Delprato, 2001］や，受容言語が発達している子どもには機会利用型指導法が望ましく，一方受容言語が未発達な子どもは断続試行訓練に良好な反応を示すこと［Paul et al., 2013］も指摘されている。これらのことから，機会利用型指導法は断続試行訓練等と決して矛盾するものではなく，相互に補い合うものであり，機会利用型指導法は構造化された場面で確立された言語行動を般化させるうえで有効であるといえよう［阿部，1989；出口・山本，1985；関戸・関戸，2009］。

　ところで，機会利用型指導法を用いて成果をおさめるためには，子どもの言語行動にだけ注意を向けるのではなく，子どもが物や人に自発的にかかわることができ，その活動が子どもにとって何らかの生活文脈になっている必要性がある［出口・山本，1985］。すなわち，子どもの自発性が全般的に低かったり，子どもの行動にあまりまとまりがみられなかったりした場合には，子どもがある程度まとまった非言語的活動（例えば，おもちゃで遊ぶなど）を自発的に行うことができるように，遊びや生活そのものに対する意欲や非言語的活動の連鎖等，子どもの行動レパートリーを育てていく必要がある。また，指導目標は，子どもの発達状態と社会的妥当性，さらには生活文脈からみた自然さを考慮して選定される必要がある。発達的に難しすぎる指導目標であると，子どもにとって学習上の負荷がかかり過ぎ，強化される機会が得られにくくなってしまうことがある。その結果，指導そのものを子どもが避けるようになってしまう可能性もある［佐竹，2000］。

　阿部［1989］は，自閉症児を対象に機会利用型指導法を用いて書字による要求言語行動を形成した。その結果，要求実現のために大人を意図的に利用することが学習されていない自閉症児に対しては，般化促進技法について検討する前に，まず要求充足者との依存関係を成立させることが必要であり，その後に要求実現のための充足者への働きかけの手段を豊富にすることが不可欠であること，般化を促進するためには，あらかじめ要求言語行動の一部となる語彙をできるだけ多く形成しておくことが重要であることを指摘している。長澤・森

島［1992］は，2名の自閉症児に対して機会利用型指導法を用いて音声言語による要求言語行動の形成を行った結果，2名の対象児は自発的に音声言語で要求する頻度が高くなった。また，要求充足者が要求物のそばに立ち，要求言語行動の表出に対して即座に対応できる状況を設定したことが音声言語による要求を促進したことが，示唆された。霜田ら［1999］は，機能的な自発的言語行動を習得していない発達遅滞児に，機会利用型指導法を用いて「やって」という要求言語行動を指導した。その結果，非言語的活動の連鎖が確立し，その行動連鎖において要求充足者となる人が要求行動の弁別刺激としての機能をもつことが習得された。また，それらの必要条件の確立によって，自発的要求言語行動の出現を促すことができたが，標的行動とした「やって」を習得するまでには至らなかったことを報告している。

　機会利用型指導法は，本来，軽度の言語発達遅滞児のために開発されたものである。したがって，この方法が重度の言語発達遅滞児に適用される場合には，前述したように日常的に機能している非言語的活動の連鎖等，子どもの行動レパートリーがいくつかの基本的な必要条件を満たしていることが前提となると考えられる。しかし，そのような必要条件の体系的分析はこれまでほとんどなされてこなかった。また，機会利用型指導法は，断続試行訓練と比較すると，般化がみられやすいと考えられる。しかし，この方法を重度の言語発達遅滞児に適用する際の般化を促進するための必要条件についても，十分な検討が行われてきていない。さらに，形成された言語行動が長期にわたって維持されるかどうかについても，明らかにされる必要がある。

第4節　共同行為ルーティンを用いた指導法の理論と手続き

　どんな場面なのか，あるいは今，何が起こっているのかがわかることが言語の理解には不可欠であることから，言語の理解には文脈が大きな役割を果たしているといえる。また，文脈を参照しながら言語を理解しようとするときに，

①既有の文脈を参照して推論処理をする場合と，②既有の文脈はなく，今ここで生起している文脈を参照しながら推論処理をしていく場合とがある。ところで，これらの文脈の理解はどのようにして可能になっていくのであろうか。長崎［1998］は，文脈処理の発達に関して次のような仮説を提案している。

　1．短い文脈（フォーマット）の成立：0〜1歳

　フォーマットとは，主に養育者との間でなされる短い行為の系列をいう。例えば，「いない，いない，バー」やボールのやり取りなどの遊びがあげられる。

　2．既有の文脈（スクリプト）の理解：2歳〜

　スクリプトとは，ストーリー化された行為の系列についての知識をいう。「おふろ」というと，子どもが自分から浴室に行って服を脱ぐなどが，その例である。

　3．文脈を作りあげる：3歳〜

　スクリプトがなくても2人（以上）が，調整をしながら文脈を選定したり，新たな文脈を作りあげたりして，会話をすることができるようになることをいう。

　なお，本研究では，「文脈」と「スクリプト」をほぼ同義として使用するが，スクリプトと言った場合には既有の文脈を指す。

　次に，スクリプトの獲得と言語の習得との関連性についてみていく。

　「おやつ」は，一般的には，①手を洗う，②テーブルにつく，③皿やコップを配る，④「いただきます」を言う，⑤食べ物（飲み物）を食べる（飲む），⑥「ごちそうさま」を言う，⑦後かたづけをする，といった行為の系列で構成されている。

　この子どもにとってのおやつのように，要素（手を洗う，テーブルにつくなど）が有機的に構成されている行為の系列を「ルーティン」という。そして，大人との相互交渉によるルーティンの成立過程を考慮した時に「共同行為ルーティン」と呼ぶ［長崎・吉村・土屋，1991］。一方，おやつと聞くと，私たちは上記のような行為の系列（ルーティン）を想起する。このように，ルーティンが内化した（知識となった）ものを「スクリプト」という［長崎，1994］。

このスクリプトは，子どもが生まれながらにしてもっているわけではない。最初はおやつを母親に食べさせてもらっていた子どもが徐々に1人でも食べられるようになっていくことから，子どもの内部にスクリプトを形成させる過程が存在すると考えられる。つまり，子どもは離乳を始めるころから，1日何回かのおやつを食べ始める。子どもにとっては日常的で，また大好きな活動の1つである。こうして，おやつというルーティンを繰り返し経験することによって，子どもはおやつのスクリプトを獲得していくといえよう。

さらに子どもはスクリプトだけでなく，スクリプトの要素に対応した言語も習得していく。すなわち，子どもは，様々な場面での限定されたスクリプトの要素（概念）を獲得しながら，それに対応した大人の言語からその意味や伝達意図を推察し，また母親が子どもの非言語的意味内容を代弁し，それを子どもが模倣するという大人からの働きかけによって，言語を表出するようになっていくと考えられる［小野里・長崎・奥，2000］。これらのことから，子どもの言語習得の背景として，①ルーティンを繰り返すことによるスクリプトの要素の獲得過程と，②スクリプトの要素に対応した言語の意味・伝達意図の理解と表出の過程，という2つの過程が平行して存在していることが推察される。そして，このような考え方を背景に，日常の生活日課や遊びのように子どもが喜んで参加し，自発的な伝達が頻繁に起きる活動を計画的に繰り返し設定する中で，言語指導が行われる。しかし，この場合に，子どもが単に大人が与えた行為の系列を学習しただけで終わってしまわないように配慮する必要がある。すなわち，子どもが本当に伝えたいことを話すという語用論上の誠実性原則が守られているか否かについても，留意する必要がある［大井，1994］。

また，多くのルーティンは，「設定」「実行」「確認」の3つの主な成分から構成される［長崎，1998］。設定は，これから行うルーティンへの注意の喚起や準備，またこれから生起する全体の流れを見通す成分である。実行は，おやつを食べる，ゲームをする等ルーティンの中心部となる成分である。そして確認は，ルーティンの終了，フィードバック（おいしかった，楽しかったなど），あるいは次のルーティンへの転回点となる成分である。小野里ら［2000］は，

ルーティンの成分はそれぞれ獲得時期に差があり，設定・実行・確認と連鎖的に獲得されていくのではなく，構造では中心的要素から細部の要素へ，成分では実行から設定・確認へとルーティン構造が徐々に階層化されていく過程を明らかにした。

この指導法の特徴として，上述したように，ルーティン化された活動は展開が規則的であるため，子どもにとってはその場面で何が起こるのかを予測しやすいことから，ルーティン化されていない活動に比べて，活動を理解したり，遂行したりするために必要な認知的負荷が小さくなる。その結果，子どもがコミュニケーションや言語の理解と表出に使える情報処理容量が増大すると考えられる［大井，1994］。Snyder-McLean, Solomonson, McLean, and Sack［1984］は，3～4歳の子どもに対し，4.7か月間にわたりレストラン，サーカスごっこといったストーリー型の共同行為を行い，場面文脈に沿った言語目標を設定し，指導を行った結果，その期間内に理解言語で6.9か月，表出言語で5.4か月の増加がみられたことを報告している。

一方，わが国においては，ダウン症児に共同行為ルーティンを用いた指導法を適用した研究が数多く報告されている。長崎ら［1991］は，4歳のダウン症児に対して，指導者ともう1人の5歳のダウン症児による「トースト作り」ルーティンを設定し，その場面を利用して語彙・文法・コミュニケーションの指導を行った結果，前期で目標とした12の語彙の大部分は習得されたが，動詞の習得は名詞に比べて時間を要したこと，前期で習得された動詞を軸クラスとした4種類の対格＋述語動詞の二文節構文はすべて習得されたことを報告している。長崎・片山・森本［1993］は，前言語期のダウン症児に対し，「サーキット・おやつ」場面を設定し，両場面のルーティン化，構造分析によって，10の活動において対象児からの要求行動が出現するように場面が構成された。その結果，初期には文脈の理解が困難で，指導者の身体援助やモデル提示も効果が少なかったが，後期には言語指示の理解が可能になった。また，要求行動は，初期には注視による伝達が多かったが，後期には7つの要求行動がジェスチャーや発声をともなったものへと変化していった。他にも，ダウン症児に対

して,ロシア民話「おおきなかぶ」の物語を題材にしたルーティンを用いて語彙や構文の習得を目指した指導［吉村,1995］,「おやつ」ルーティンを設定して1語文と2語文の習得を目指した指導［小野里ら,2000］などが報告されている。

　また,この指導法は自閉症児にとっても有効である。その理由として次の2点があげられる［Ben-Arieh, 2007］。1点めは,この指導法が,①はっきりとしたテーマがある,②論理的で決まった流れがある,③やり取り行動を決まった順番で行う,④ルーティンが計画的に繰り返される,という構造をもっているため,自閉症児にとってもルーティンの展開に見通しをもちやすいからである。2点めは,言語の習得において共同注意（joint attention）と社会的参照（social referencing）が重要な役割を果たしているが,自閉症児はこれらの発達に遅れがみられることが指摘されている。この指導法は,日常的な場面やルーティン状況を用いて指導をするために,自閉症児が共同注意や社会的参照を発達させるための自然な機会を提供することができるからである。

　関戸［1994］は,質問に対してエコラリアで応じる14歳の自閉症児に対して,「買い物」ルーティンを設定し,その文脈を用いて対象児の認知的発達水準を考慮しながら,適切な応答的発話の習得を目指した指導を約3か月間行った結果,4セッションめでエコラリアが消失し,18セッションめで指導目標とした4つの質問すべてに正答できたことを報告している。松田・伊藤［2001］は,自閉症児に「楽しいおみやげ」ルーティンを用いて指導を行った結果,要求・質問構文と選択・応答行動の習得が可能になったことを見いだした。また,松田・植田［1999］は,自閉症児に「ホットケーキ作り」ルーティンを設定して指導を行った結果,2語文・3語文による要求言語行動の習得が可能になったことを報告している。さらに,宮﨑・下平・玉澤［2012］は,「おやつ」「ババぬき」「共同制作」等の5つのルーティンにスクリプトおよびスクリプト・フェイディング手続きを用いて,自閉症児に「マンド（要求言語行動）」と「タクト（叙述言語行動）」に関する21種類の標的行動の自発を目標とした指導を行った。その結果,18種類の標的行動が習得され,そのうち12種類の標

的行動が日常場面においても観察されたことを報告している。

　一方，非定型的な場面に比べ，限定されたスクリプトの要素という手がかりの中で，子どもは「他者の心の読み取り」がより容易になると考えられることから，共同行為ルーティンを用いた指導法は，語彙・文法や伝達機能等の指導ばかりでなく，「情動」や「心」の理解の指導にも有効であると考えられている。長崎・山田・亀山［2000］は，7歳のダウン症児を対象に工作場面のルーティンを用いて，指導者や母親の欲求意図を尋ねる行為の促進を目的とした指導を行った。その結果，対象児は，指導開始時には相手に尋ねずに自分の好きなほうを選んで与えてしまっていたが，指導の結果，他者の欲求について考えたり，迷ったりする時期を経て，「赤と青，どっちがいい」といった他者の欲求意図を尋ねる行為が可能になっていったことを報告している。西原・吉井・長崎［2006］は，広汎性発達障害児の発達評価から，心の理解に関する発達課題が「信念」理解における他者の「見ることが知ることを導く」という原理の理解であると評価されたため，これを指導目標とした。「宝さがし」ルーティンを用いて指導を行った結果，「隠した場所を教えない」行動が自発されるようになり，「違う場所を教える」行動など直接指導を行わなかった要素についても遂行可能になっていった，と述べている。

　なお，小島・関戸［2013］は，選択性緘黙を示す小学校2年生の女児に対し，コミュニケーションカードを使用して挨拶等の自発的表出を目指した指導を学校生活のルーティンを用いて行った。その結果，コミュニケーションカードによる挨拶ばかりでなく，身ぶり・筆談・耳打ちによる発話もみられ，コミュニケーションモードの転移が観察された。共同行為ルーティンを用いた指導法は，社会性の指導においても有効であることが示唆される。

　上述したように，共同行為ルーティンを用いた指導法によって，指導目標とされた語彙・文法および伝達機能等の習得や情動・心の理解に成功したという多くの研究が蓄積されてきている。しかし，スクリプトの要素の獲得が言語の意味・伝達意図の理解と表出につながるという仮説については，まだ明らかにされていない。また，Ben-Arieh［2007］は，ルーティンの中に計画的にバリ

エーションを組み入れることによって，維持と同様に般化も促進される，と述べている。宮﨑・岡田・水村［1996］も，重度の知的障害児に「ごっこ遊び」ルーティンを用いて形成した発話行動が，他の同じテーマの遊びのルーティンに般化したことを報告している。しかし，この指導法を用いて習得された言語行動の般化や維持については，これまでのところエピソード的な報告がなされているにすぎないため［松田・植田，1999；松田・伊藤，2001；長崎ら，1991；長崎ら，1993；長崎ら，2000；西原ら，2006；小野里ら，2000；関戸，1994；吉村，1995］，今後は十分な検討が行われる必要がある。さらに，もし般化がみられなければ，どのような技法をこの指導法に組み込んでいけばよいのかについても明らかにしていく必要がある。

第5節　特別支援学校等における自閉症児に対する言語指導法に求められる条件

　平成21年に特別支援学校学習指導要領が改訂され，障害の重度・重複化や発達障害を含む多様な障害に応じた指導を充実するために，自立活動に新たな内容として「人間関係の形成」が設けられた。その結果，自立活動の内容が，「健康の保持」「心理的な安定」「環境の把握」「身体の動き」「コミュニケーション」と合わせて6つの区分となった［文部科学省，2009］。
　一方，文部科学省［2003］によれば，知的障害特別支援学校在籍の児童生徒の約3割が自閉症を併せ有していると報告されており，近年はさらにその割合が高まってきていると推察される。したがって，知的障害特別支援学校において，自閉症のある児童生徒に対していかに適切な指導を行うかが，今日においても重要な課題である。また，自閉症児者の特性の1つがコミュニケーションの質的な障害である［American Psychiatric Association, 2000］ことから，音声言語の発達や習得に遅れや困難がみられる児童生徒，音声言語を習得していても会話を継続することが困難であったり，エコラリアを示したりする児童生

徒が在籍している。これらのことから，自閉症の児童生徒にとっては，自立活動の中でも「コミュニケーション」はもっとも重要な指導内容の1つとして考えられてきており，個々の児童生徒の障害の状態や発達段階等の的確なアセスメントに基づき，指導目標や指導内容を明確にした指導が必要とされている。

また，前述した「人間関係の形成」という観点からは，他者との社会的相互交渉や社会的関係性における遅れや障害も自閉症児者の特性として指摘されている［McConnell, 2002］。したがって，要求・質問・報告・応答等の基本的な機能をもつ言語行動ばかりでなく，相手に対して親密な印象を与え，社会的な称賛を受ける機会を増やすことにもつながる［大野・進藤・柘植・溝上・山田・吉元・三浦，1987］，挨拶やお礼等の機能をもつ言語行動についても指導をすることが求められている。

さらに，特別支援学校学習指導要領第1章総則，第2節教育課程の編成には，学校における自立活動の指導は，障害による学習上または生活上の困難を改善・克服し，自立し社会参加する資質を養うため，学校の教育活動全体を通じて適切に行うものとする，と記されている［文部科学省，2009］。すなわち，自閉症児者の自立や社会参加の実現，今後の最重要課題であるインクルーシブ教育システムの構築や共生社会の形成［文部科学省，2012］に向けて，習得された言語行動が日常場面において般化・維持されることが期待される。そのためには，国語をはじめとする各教科や自立活動の時間における指導にとどまらず，朝の会・給食・遊び等の学校生活場面も重要な指導機会となり，しかも全教師の協力のもとに実際の指導にあたることが求められる。

これらのことから，特別支援学校や特別支援学級における自閉症児に対する言語指導法に求められる条件として，①様々な言語発達段階にある自閉症児に適用できる，②要求・質問・報告・応答等の機能に加え，挨拶やお礼等の機能も指導できる，③習得された言語行動が日常場面において般化・維持される，④学校生活場面において，専門的な知識や技能を有する教師ばかりでなく，他の教師も指導に参加できる，の4点が求められているといえよう。

第6節　本研究の目的

　近年の言語発達研究によって，日常の社会的文脈が子どもの言語習得に重要な役割を果たしていることが明らかにされてきた。この考え方に基づき，現在わが国では，主として相互作用アプローチ，機会利用型指導法，共同行為ルーティンを用いた指導法の3つの指導法が用いられている。一方で，発達遅滞児の社会参加と自立を実現するためにも，習得された言語行動が，日常場面において般化することが求められている。とりわけ自閉症児を対象とした言語指導においては，この般化の問題はきわめて重要な課題となっている。
　そこで，本研究では，以下の4点について検討することを目的とする。

　1．機会利用型指導法は，断続試行訓練と比較すると，般化がみられやすいと考えられる。そこで，自閉症を伴う重度の言語発達遅滞児に機会利用型指導法を適用し，般化を促進するための必要条件について分析する。また，習得された言語行動が長期にわたって維持されるかどうかについても併せて検討する。

　2．子どもの言語習得の背景として，①ルーティンを繰り返すことによる文脈（スクリプト）の要素の獲得過程と，②文脈の要素に対応した言語の意味・伝達意図の理解と表出の過程という2つの過程が平行して存在していることが推察される。しかし，文脈の要素の獲得が言語の意味・伝達意図の理解と表出につながる，という仮説については十分に明らかにされていない。そこで，自閉症児を対象とした共同行為ルーティンを用いた言語指導において，文脈の要素を獲得することが，言語の意味・伝達意図の理解と表出に結びつくかどうかについて検討する。

　3．自閉症児を対象とした共同行為ルーティンを用いた言語指導において，習得された言語行動の日常場面での般化の状態から，この指導法を用いること

によって，日常場面で般化がみられるか否かについて検討する．さらに，もし日常場面で般化がみられなければ，どのような技法をこの指導法に組み込んでいけばよいのかについても併せて検討する．

4．特別支援学校等における自閉症児に対する言語指導法に求められる条件として，①様々な言語発達段階にある自閉症児に適用できる，②要求・質問・報告・応答等の機能に加え，挨拶やお礼等の機能も指導できる，③習得された言語行動が日常場面において般化・維持される，④学校生活場面において，専門的な知識や技能を有する教師ばかりでなく，他の教師も指導に参加できる，の4点が考えられる．したがって，上述した3点の目的の結果を踏まえ，機会利用型指導法および共同行為ルーティンを用いた指導法は，これらの4点の条件を満たすことができるかどうかについて検討する．

なお，相互作用アプローチにおいても，改善されたコミュニケーション行動の般化が，日常場面においてみられるか否かについて検討がなされる必要がある．しかしながら，前述したように，相互作用アプローチでは，大人に対するフィードバックにビデオ分析を用いており，これを単独で行えるようになるためには，スーパーバイザーの指導の下で一定の経験を積む必要がある［里見，1994］．また，相互作用アプローチは他の指導法と異なって，標的行動や達成基準を設定しないため指導成果の日常場面での般化の測定が困難であると考えられる．したがって，般化が生起したか否かを検討する以前に，このアプローチに適合した般化の測定方法の開発が求められている．これらの理由から，本研究では相互作用アプローチを用いた指導を割愛した．

第 2 章

自閉症児に対する
日常の文脈を用いた言語指導とその般化促進

研究 1　自閉症児における書字を用いた要求言語行動の形成とその般化促進
　　　　　―物品，人，および機能の般化を中心に―

1．はじめに

　発達遅滞児に対する言語指導の最終的な目標は，その言語行動が日常的環境において機能的に使用されるようになることである。ところが1980年代以前の発達遅滞児に対する言語形成技法に関する多くの研究は，指導場面の範囲内での言語の指導法の開発に重点を置いてきたため，発達遅滞児が指導場面で習得した言語行動が，日常場面においてほとんど般化しなかった，という問題が指摘されている［出口・山本，1985；Garcia, 1974；Lovaas, Koegel, Simmons, & Long, 1973；長崎，1989；Rincover & Koegel, 1975；志賀，1990］。
　この般化の問題は，要求言語行動の形成においても同様であり［阿部，1989；望月・野崎・渡辺，1988］，阿部［1989］は般化を拒む要因として，①指導場面で形成される要求言語行動の要求内容が対象児（者）にとって動因が希薄である，②日常場面には指導場面で使用された（弁別）刺激と共通した刺激が存在しているとは限らない，③周囲の大人が要求者の要求事態を文脈から判断して先取り的にかかわってしまう，という3つの問題を指摘している。
　これらの問題を解決するための1つの方法として，般化を促進するための技法を指導場面における言語形成プログラムの中に計画的に組み込んでいくことの必要性が強調されてきた［中野，1983；Stokes & Baer, 1977］。しかし，望月ら［1988］は，施設居住の2名の聾と知的障害のある対象者に要求言語行動

を習得させる際に,「ルース・トレーニング」の手法や共通刺激の導入を手続きの中に組み込んだが,それだけでは日常場面での般化がみられなかった,と報告している。

問題解決のためのもう1つの方法として,機会利用型指導法をあげることができる。この指導法の一般的な手続きは,対象児が言語を自発する確率を高めるために,対象児自身の日常的環境の中で対象児の好む物品や高頻度で生起する行動に指導者が応じる機会を物理的に制限し,それらを言語的あるいは非言語的に要求してくる機会をとらえて指導しようとするものである［出口・山本,1985］。これらのことから,機会利用型指導法は,前記した3つの問題を解決する要件をある程度備えた指導法であると考えられ,またその有効性が実証されてきている［阿部,1989；Hart & Risley, 1968, 1974, 1975, 1980；松田,1992；長沢・森島,1992］。

阿部［1989］は,この指導法を用いて,音声言語に障害がある自閉症児に対して書字による要求言語行動を形成した結果,指導対象となった要求語（9語）の他に10語が般化として観察されたことを報告している。この「書字モード（モード；表現方式）」は,周囲の人たちが文字を読めれば,そのモードでのコミュニケーションが強化・維持されていく可能性が高いことから,非音声モードの中でも機会利用型指導法に適したモードであるといえよう。

しかしながら,阿部［1989］の研究では,言語行動の般化に関連して次の3つの問題が検討課題として残されていると考えられた。そして,これらの問題は,言語行動の般化を扱った他の研究においてもこれまで明らかにされていない。

第1に,一定程度の物品に対する般化が観察されたことが報告されているが,般化によって出現した単語は対象児のレパートリーの中にあった（書けることが確認されている）単語だけなのか,あるいは指導対象となった要求語が自発的に表出されるようになった後に,レパートリーになかった単語も使用して要求するようになったのかが明らかにされていない。つまり,日常場面で般化を促進するためには,あらかじめ物品の名称の「書字練習」をしておくことが必

要条件であるかどうかについて検討がなされる必要がある。

　第2に，人に対する般化は，対象児の妹に対しての要求がわずかに観察された程度であった。これに対して，先の望月ら［1988］の報告では，般化促進技法を言語形成プログラムに組み込むだけでは般化は実現せず，むしろ対象者にかかわる人たちが示すプロンプト付きの時間遅延操作が般化・維持を保証するものであった。また，出口・山本［1985］も，言語発達遅滞児の言語行動を指導場面以外で発展・維持させるためには，指導者が遅滞児を直接指導するのと同時に，教師・両親・兄弟等の関係者に対しても指導技法を教示することの必要性を述べている。これらのことから，指導場面で要求言語行動が形成された後，プロンプトする聞き手を日常場面に複数設定することによって人に対する般化が促進されると考えられる。したがって，第2の問題として，対象児の生活環境全体において，対象児にかかわる人たちに対して所定の指導技法（プロンプトの提示等）を教示することによって，人に対する般化が促進されるか否かについて検討がなされる必要がある。

　第3として，形成された言語行動の機能の般化の問題があげられる。中島［1978］は，"ボーチ（帽子）"を帽子をかぶせて一緒に連れて行ってほしいという「要求」語として用いていた11か月の女児が，4か月後にはこれを指示的に「叙述」の一部として用いるようになった，と報告している。また，松田［1992］は，音声言語に障害がある自閉症児に対して文字盤を用いたコミュニケーションの指導を行った結果，その機能を「要求」「報告」「伝達」にまで発展させることに成功している。このように，これまでコミュニケーション手段をもたなかった子どもがあるモードを獲得することによって，言語行動の特定の機能から他の機能へと般化していくことが考えられる。したがって書字というモードを獲得することによって，「要求」だけでなく他の機能の言語行動にまで般化していくかどうかについて検討がなされる必要がある。

　以上のことから，本研究においては，音声言語に障害のある自閉症児に対して，特定物品に目標を定め，機会利用型指導法を用いて書字による要求言語行動の形成を行った。その後，書字モードをプロンプトする複数の聞き手を日常

場面に意図的に設定し，その指導成果の般化の状態から，①物品の名称の書字練習は後の日常場面での般化を促進するための必要条件であるか，②対象児にかかわる人たちに所定の指導技法を教示することによって，人に対する般化が促進されるか，③形成された言語行動が「要求」だけでなく，他の機能にまで般化していくかについて検討した。

さらに，言語行動の形成において般化と同様に，対象児が習得した言語行動をいかに維持していくかということも重要な問題であるといえる。しかし，言語行動の維持を扱った研究は少なく，なかでも日常での強化を重視して形成された言語行動の維持に関して，長期にわたって検討した研究はきわめて少ない［望月ら，1988］。したがって，④形成された言語行動が2年後も維持されているかどうかについても併せて検討した。

2．方　法

1）対象児

K児。4歳時にT大学附属病院で，小児自閉症と診断された。指導開始時のCAは13歳4か月で，知的障害養護学校中学部1年に在籍中であった。IQは21（田中ビネー式知能検査）であった。津守式発達検査の結果は，運動6歳0か月，探索3歳6か月，社会3歳0か月，生活習慣7歳0か月，言語4歳0か月であった。絵画語彙発達検査の結果は，VA4歳3か月であった。要求事態が生じたときには，自分で要求物を探す，近くにいる大人（教師や母親）の手を取って要求物のもとに連れて行く，あるいは大人のもとに要求物を持って行って示すという行動がみられた。

日常生活における簡単な指示は理解でき，また有意味音声言語は「アイ（ハイ）」と「ババイ（バイバイ）」だけであった。ひらがな・カタカナによる50音の書字，および濁音・半濁音・長音・拗音の表記は可能であった。語彙の理解力および書字力を評価するために，『こくごのほん』［江口，1984］を主とし

て用い，指導者が複数の物（動作）の絵が描かれているページをK児に提示し，「〜はどれですか」という教示を与えて，K児に指差しで答えさせた。その結果，313語（動詞が15語，他はすべて名詞）中280語（そのうち動詞が13語）が理解可能であった。さらに，理解可能であった物（動作）については「書いてごらん」という教示を与えて書かせてみたところ，153語（すべて名詞）が書字可能であった（書字率54.6％）。

2）指導期間および指導場所

1990年12月11日から1991年3月23日まで指導を実施した。

指導は，主としてK児の教室で行った。

3）手続き

指導の手続きは，阿部［1989］の研究を参考にした。

日常の行動観察から，学校において，K児にとって必要度が高い（その物品がないと食事や歯磨き等次の行動に移れない）と思われる"はし（学校の厨房が工事中のため，毎日弁当を持参。はし箱入り）""ハブラシ""れんらくちょう"の3物品を要求物（要求語）とした。次に，指導者との一対一の指導場面で，要求物の写真を提示して「これはなあに」という教示を与え，"はし""れんらくちょう"はひらがなで，"ハブラシ"はカタカナでその名称を書字させる集中的な指導を行った。正しく書字できたときには「よくできたね」と言って称賛した。

要求言語行動を形成するための指導場面の設定は，最初，要求物を教師用の机の引き出しやロッカーの中等に隠しておき，K児にそれがないことに気づかせ，書字で要求させるというかたちをとった。ところが，K児は，"れんらくちょう"と"はし"がないとそれらが隠されていると思われる場所をあちこち捜し回るという行動を示した。そのために，教室内に要求物の適当な隠し場所がなくなってしまった（要求物をK児の手の届かない所に置くという方法も考えられたが，K児の身長が指導者とほぼ同じであったため，取り入れなかっ

た)。また，K児は，"ハブラシ"がないときには人のハブラシを使ったり，あるいは歯磨きをしないですませたりする行動も示した。そこで，それぞれ4回めの指導からは，教室内で指導者が各物品を手に持ち，それに気づいたK児に書字で要求させるというかたちに変更した。

　指導手続きは次のとおりであった（表1-1参照）。K児が要求のために指導者に接近し，書字で自発的に要求することを目標とした。もし，自発的な書字要求がみられない場合，あるいは指導者の周囲をうろうろしている場合には，指導者は（K児に接近し，）注目をして5秒間K児の反応を待つ。無反応であるならⅡ-aのプロンプトを提示し，それでも反応がみられなければ，Ⅰレベルのプロンプトを提示する。

　要求言語行動の形成に関しては，"れんらくちょう"と"はし"については連続5回，"ハブラシ"については指導機会の関係から連続2回，K児が自発的な書字要求を表出した時点で要求言語行動が形成されたとみなした。その間，K児に対する指導はK児の学級担任の1人である筆者が行い，また日常場面においてもK児に要求事態が生じた場合には筆者が指導場面と同様の対応をした。要求言語行動が形成されたとみなした1月18日以降は，K児の他の4人の担任教師に対しても指導手続きを教示し，指導場面と日常場面において協力を要請した。ただし，"れんらくちょう"については1月9日までに連続6回自発的な書字要求が表出されたため，"れんらくちょう"の要求場面だけは，1月10日以降筆者以外の担任教師1名が指導手続きに基づいた対応をした。なお，学級の他の生徒の指導上，指導場面でのK児への対応はその時に可能な教師があたることにした。同様に，1月18日以降，家庭においても，K児の母親・姉・父親（国外に単身赴任しており，1991年3月下旬に帰国）に対して協力を要請し，日常場面においてK児に要求事態が生じたときには，手続きに基づいた対応をするよう依頼した。

　また，要求事態が生じたときにK児が即座に書字できるように，学校では12月11日以降，また家庭では1月8日以降，鉛筆付きの小型の手帳（9cm×7cm）をK児に常時携帯させるようにした。

表1-1　書字による要求言語行動の指導手続き

0　　要求物の名称の書字形成のレベル

0-a（要求物の名称の模写）
　　　要求物の写真に名称を書いた紙を貼付しておき，それを模写させる
0-b（要求物の名称の書字）
　　　提示された要求物の写真を見て，その名称を書字させる

Ⅰ　　聴覚的モデル提示によるプロンプトのレベル

Ⅰ-a（聴覚的モデル全提示）
　　　要求物の名称を口頭でモデルとして提示し，書字させる。例えば，ハブラシを要求しているならば，"ハブラシ"と口頭で提示し，K児にそれを書字させる
Ⅰ-b（聴覚的モデル部分提示）
　　　要求物の名称の語頭部分をモデルとして口頭で提示する。例えば，"ハ"とだけ指導者が口頭で提示し，それを手がかりにK児に"ハブラシ"と書字させる

Ⅱ　　意図的注目，言語的手がかりによるプロンプトのレベル

Ⅱ-a（意図的注目＋言語的手がかり）
　　　要求事態が生じても自発的な要求言語行動が表出されない場合，K児に意図的に注目し，「何」あるいは「何が欲しいの」と発問し，要求物の名称を書字させる
Ⅱ-b（意図的注目）
　　　要求事態が生じても自発的な要求言語行動が表出されない場合，K児に意図的に注目し，K児が要求物の名称を書字するのを待つ

Ⅲ　　自発的要求のレベル
　　　要求事態が生じた場合，要求物の名称を自発的に書字させる

4）記録の方法

　学校と家庭にそれぞれ記録用紙を用意しておき，学校ではK児に対応した教師が，家庭では母親が記録にあたった。記録は，（「要求」を含めた）言語行動が出現するごとに，次の点について記号，自由記述で行った。①月・日，②

要求語（自発語），③どのような状況で言語行動が出現したか，④誰に対してなされたか，⑤どのような手段で要求したか，⑥どのレベルの対応をしたか（表1-1の対応のレベルを参照。なお，他の担任教師や家族に対して指導手続きを教示する以前は，どのような対応をしたかについて記入した）。

日常場面での記録は，学校では12月11日から翌年の3月25日まで（冬季休業期間中は中断），家庭では1月8日から4月4日まで継続して行われた。

5） 言語行動の機能の分類

自発された言語行動の機能を長崎・飯高・萩原・片山・三浦［1986］を参考にして次の5種に分類した。

①要求：他者に対して自己の要求を満たすよう求めるもの
②叙述：事物，事態を叙述するもの
③報告：他者に対して報告する機能をもつもの
④応答：他者からの質問に対し応じるもの
⑤質問：他者に対し質問（確認）する機能をもつもの

6） 維持測定

形成された言語行動が2年後も維持されているか否かを測定するために，1993年3月8日から2週間，K児の担任教師に依頼して，K児が自発的に表出した書字による言語行動を観察・記録してもらった。記録内容は，指導期間中の学校用の記録用紙の項目に準じた。

3．結　果

1） 要求言語行動の形成過程

自発的な要求言語行動（Ⅲレベル）が表出されるまでに，"ハブラシ"と"れんらくちょう"は4回の指導回数を要した。しかし，"はし"は初回からⅢ

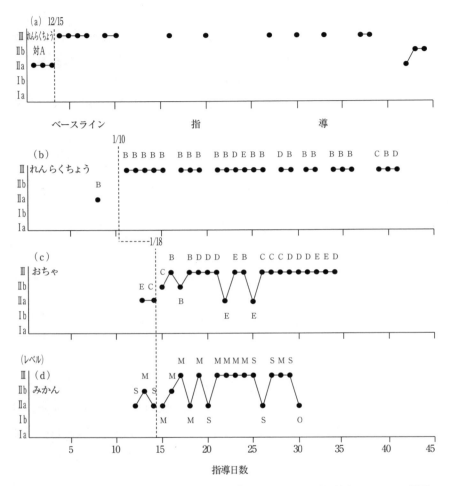

図1-1 "れんらくちょう"、"おちゃ"、"みかん"の要求の聞き手と対応のレベルの推移

(a) では指導者である担任教師Aが聞き手であるが、(b)(c) ではA以外の担任教師（B、C、D、E）が、(d) では家族（S：姉、M：母親、O：祖母）が聞き手である。なお、●の上（下）のアルファベットは聞き手を表す。(a) では12月15日以降、指導場面の設定を"れんらくちょう"を「隠す」から「指導者が手に持つ」に変更した。(b) では1月10日以降、(c)(d) では1月18日以降、K児に要求事態が生じた際に、担任教師や家族に対して指導手続きに基づいた対応を要請した。(b)(c)(d) のベースライン期の対応のレベルは記録を基に、筆者が判断した。

レベルでの要求がみられた。"ハブラシ"と"れんらくちょう"に関しては，指導場面の設定を，要求物を「隠す」から「指導者が手に持つ」に変更した結果（"ハブラシ"は1月11日以降，"れんらくちょう"は12月15日以降），初めてⅢレベルの要求がみられ，その後自発的な要求が連続してみられた（"れんらくちょう"については，図1-1参照）。

2）要求語の般化

学校と家庭の日常場面において，般化によって出現した（指導3物品以外の）要求語はそれぞれ21語と51語であった。そこで，それらを，①書字の集中指導をした単語，②書字レパートリーが確認されている（書けることが確認されている）単語，③般化場面で初めて書字することが確認された単語の3種に分類したところ，それぞれ，①4語と2語，②9語と13語，③8語と36語であった（表1-2参照）。なお，般化によって出現した要求語のうち食べ物に関する単語がそれぞれ62％と94％を占めていた。

表1-2　学校，家庭において般化によって出現した要求語

出現した要求語	学校	家庭
書字の集中指導をした単語	4	2
書字レパートリーが確認されている単語	9	13
般化場面で初めて書字することが確認された単語	8	36
合　　計	21	51

3）人に対する般化

指導場面で対象とした3物品の中で，担任教師に対してもっとも要求回数が多かった"れんらくちょう"，学校の日常場面において担任教師に対してもっとも要求が多かった"おちゃ"および家庭（の日常場面）において家族に対してもっとも要求回数が多かった"みかん"のそれぞれの要求の聞き手と対応の

レベルの推移を示したのが図 1-1 である。図 1-1-(b) では 1 月 10 日から，また図 1-1-(c)・(d) では 1 月 18 日から，指導者である A 以外の担任教師や家族に対して指導手続きを教示し，K 児に要求事態が生じたときに手続きに基づいた対応をするように依頼した。その結果，図 1-1-(b) では（ベースライン・データが十分とはいえないが）その直後から，また図 1-1-(c)・(d) では教示後 2 回め，3 回めの指導から聞き手に対して自発的な要求がみられるようになった。そしてその後は，聞き手が替わっても自発的な要求が多くみられた（図 1-1-(b) ではすべて自発的な要求であった）。また，指導期間中に学校では指導者 A を含めた担任教師全員に対して，また家庭でも家族全員に対して自発的な要求がみられた。

4）「要求」以外の機能への般化

「要求」以外の機能をもつ言語行動の聞き手，その出現時期，および出現回数について図 1-2 に示した。学校・家庭の両場面において，「応答（出現回数

機能	場面	聞き手と出現時期					出現回数
		12月	1月	2月	3月	4月	
叙述	学校	A A					2
	家庭		S	M　　M	S　　M	S　　F	7
応答	学校			AA	O		3
	家庭			MM　　M	M　MO	M　　F	8
報告	学校			A			1
	家庭				S	M	2

図1-2 「要求」以外の機能をもつ言語行動の聞き手，その出現時期，および出現回数

・「聞き手」のアルファベットは，それぞれ A：担任教師（筆者），M：母親，S：姉，F：父親，O：その他の人を意味する。
・点線（1 月 18 日）までに要求言語行動が形成されたとみなした。

は学校3回，家庭8回。以下，「3回，8回」とする)」，「叙述 (2回，7回)」，「報告 (1回，2回)」の機能をもつ3種の言語行動が，書字モードによって出現した。その聞き手として，学校では総出現回数6回のうちK児の担任教師である筆者に5回，隣の学級の教師に1回みられた。家庭では総出現回数17回で，母親に10回，姉に4回，父親に2回で家族全員にみられ，さらにリズム教室（訓練会）の指導者にも1回みられた。また出現時期をみてみると，要求言語行動が形成されたとみなした1月18日以前に学校で2回みられた以外は，それ以降に出現していた。

5）言語行動の2年後の維持

指導終了期（指導期）と2年後（維持期）のそれぞれ2週間（実質11日間）の観察結果を比較したのが表1-3である。書字による言語行動の出現日数は両者間に差はみられなかったが，言語行動の総出現回数は維持期のほうが多かった。しかし，出現状況と聞き手についてみてみると，指導期では学校生活全般において複数の担任教師に対して言語行動がみられたのに対し，維持期では給食場面での特定の担任教師に限られていた。一方，出現した言語行動の機

表1-3　学校場面における自発的な書字による言語行動の出現に関する指導終了期と2年後の比較

	観察期間	言語行動の出現日数	言語行動の総出現回数	出現状況	聞き手	出現した言語行動の機能と回数
指導終了期	1991年 3/12～25 （実質11日間）	7	10	学校生活全般	担任教師4名	すべて要求
2年後	1993年 3/8～21 （実質11日間）	6	22	給食場面だけ	担任教師1名	要求…16 質問…4 叙述…2

指導終了期では，指導対象とした3物品を含まない。

能と回数をみてみると，指導期では「要求」が10回であったが，維持期では「要求」16回，「叙述」2回の他に，全指導期間を通してみられなかった「質問」の機能をもつ言語行動（例えば，K児が『見聞録』と書き，「聞」の門がまえの中が「耳」でよいかを担任教師に確認するために，「聞」の「耳」の部分を指差しした後に自分の耳を引っ張った等）が4回観察された。

なお家庭においては，母親がK児に伝言を依頼する際やK児の意思を確認する際に，K児が自発的に書字による言語行動を表出することが，母親から報告されている。

4．考　察

1）要求言語行動の形成過程

"はし"は，指導の初回からⅢレベルでの要求がみられた。この要因として，要求物の名称の書字指導の開始前に"はし"がすでにK児の書字レパートリーに入っていたこと（"ハブラシ" "れんらくちょう"は入っていなかった），"はし"の指導開始が"ハブラシ" "れんらくちょう"よりも2日間遅れたためにその間に両物品に対する指導機会が数回あったことなどが考えられる。また，"はし"がないと弁当を食べられないという状況を設定したことも，自発的な要求言語行動の表出に重要な役割を果たしたと考えられる。

"ハブラシ"と"れんらくちょう"については，指導場面の設定を，要求物を隠すから指導者が手に持つに変更した結果，自発的な要求がみられるようになった。一般に，学校では自分の持ち物は自分で管理し，また歯磨きや帰りの支度等日課に沿った活動は独りで行えることが指導上重視されている。したがって，要求物を隠した（要求物が見あたらない）場合には，K児にとっては教師に要求するよりも，まずそれを捜すという行動が優先されたものと考えられる。一方，長澤・森島［1992］は，指導者が要求物の（置かれている棚の）そばに立ち，対象児のことばによる要求に対して即座に対応できる状況（「即

時対応の状況」）を設定することが，対象児のことばの使用を促す，と述べている。指導者が要求物を手に持った場合，対象児はそれを捜す必要がなく，また長澤・森島［1992］のいう即時対応の状況に近似した設定になったため，自発的な要求が表出されやすかったものと考えられる。

2）要求語の般化

　学校と家庭の般化場面において初めて書字することが確認された単語のうち，食べ物に関する単語がそれぞれ 62 % と 94 % を占めていた。これらの中には K 児の書字レパートリーに含まれる単語が少なからずあったものと推察される。しかし，指導対象となった要求語が自発的に表出されるようになった後，"メンマ" や "クラッカー" という新たな単語をそれが入っている袋や箱の表示を見て書字したことが観察された。このように，K 児は自己の書字レパートリーの中になかった単語を環境から自ら取り入れ，それを使用して要求することができた。したがって，この段階に達すれば，物品の名称の「書字練習」は，後の日常場面での般化を促進するための必要条件とはならないと考えられる。

　しかし，"ちゃわん" が "ちゃんわ" と，"きつねそば" が "きねつそば" と書字されたように，文脈からその書字内容を判断できるが，誤字・脱字を含む単語が時々みられた。この点については，そのつど要求の聞き手が正確な表記を指導していく必要がある。

3）人に対する般化

　図 1-1-(b)・(c)・(d) に示したように，指導者である A 以外の担任教師や家族に対して指導手続きを教示し，K 児に要求事態が生じたときに手続きに基づいた対応をするよう依頼した。その結果，それぞれの場面において聞き手に対して自発的な要求がみられるようになった。そしてその後は，聞き手が替わっても自発的な要求が多くみられた。これらのことから，対象児にかかわる人たちに所定の指導技法を教示し，それに基づいた対応を要請することは，人に対する般化を促進する上で有効であったといえる。つまり，望月ら［1988］が述

べているように，習得された行動の日常場面での般化を促進するためには，対象児ばかりでなく，それを受け入れる環境側にも変化が要求されるといえよう。

一方，図1-1-(b) では，担任教師Bに対して指導手続きを教示後，初回から自発的な要求がみられた。これは，図1-1-(a) と同じ指導場面であったため，図1-1-(a) で形成された言語行動が，担任教師Bに対して般化したからであると考えられる。

また，学校と家庭の両場面において，K児が鉛筆付きの小型の手帳を常時携帯していた結果，要求事態が生じたときにK児が即座に書字できたことも，般化の促進に役立ったと考えられる。

4）「要求」以外の機能への般化

学校・家庭の両場面において，「要求」以外に3種の機能をもつ言語行動が，書字モードによって出現した。その出現時期をみると，学校では指導場面で要求言語行動が形成される（1月18日）以前に，日常場面において教師Aに対して「叙述」の機能をもつ言語行動が2回観察された。また家庭でも姉に対して自発的な要求言語行動が表出される前に，「叙述」の機能をもつ言語行動が観察された。これらのことから，「要求」以外の機能をもつ言語行動は，要求言語行動が般化したものではないと考えられる。

指導手続きの初期の段階で，要求物の名称を写真提示の状況下で書字する集中的な指導を行ったが，これは「叙述」の指導であったともいえよう。このように考えると，要求言語行動が形成される（自発的な要求言語行動が表出される）以前に，学校や家庭において「叙述」の機能をもつ言語行動が観察されたのは，「叙述」の指導成果が般化したからであると考えられよう。

一方，「要求」以外の機能をもつ言語行動が，書字モードによって表出される以前のK児の表現方式は，頭を下げてわびる，あるいは指で×をつくって"ダメ"の意を表すという身振りサインや，（欠席した生徒の名札等）目的物を教師のもとに持ってくる，あるいは相手の手を取って目的物のもとに連れて行くという非言語的表現方式であった。ところが，「書字モード」による要求言

語行動が形成されると，"ごめんなさい"あるいは"だめ"と書字して見せたり，欠席者の名前を書いて示したり，書字モードも用いるようになってきた。これらのことから，要求言語行動形成後，自発的にK児はサインモードを書字モードにモード変換したり，またこれまで非言語的表現方式で示していた場面においても書字モードを用いたりするようになったと考えられる。

5）言語行動の2年後の維持

出現状況が給食場面に限られ，また聞き手も特定の担任教師だけであったが，書字モードによって「要求」ばかりでなく「質問」「叙述」の機能をもつ言語行動が出現したことから，一定の維持が観察されたといえよう。

給食場面に限って書字による言語行動が観察された要因として，次のことが考えられる。まず，K児が担任教師に要求すれば欲しい食べ物のおかわりをもらえたことから，給食場面はK児にとって要求が表出されやすい状況下であったと考えられる。次に，担任教師は給食場面に限り書字モードによる（おかわりの）要求を認めており，しかもそのために毎日筆記用具を準備していたため，K児が自分の意思を表出したいと思ったときに即座に書字できる状況にあったことが考えられる。さらに他の場面では，担任教師がK児に対して，書字に替えてサインモードによるコミュニケーションを指導中であった。そのために，日常的に担任教師の間でK児との書字モードによるコミュニケーションが意識化されず，またK児に対してそのための働きかけもなされなかった。その結果，給食場面以外では，書字による言語行動が1度も観察されなかったものと推察される。望月ら［1988］は，習得した言語行動の維持には，環境側の有効で，永続的な働きかけが要求される，と述べているが，本研究においてもそのことが再確認されたといえよう。

一方，聞き手が特定の担任教師に限られたのは，K児の学級では給食指導は（一定の期間を周期とする）輪番制を取っていたために，他の4人の担任教師にはK児の給食指導をする機会がなかったためであろうと考えられる。

*

〔本研究は，関戸英紀［1996b］特殊教育学研究，34（2）において発表された〕

研究2 自閉症児に対するスクリプトを利用した電話による応答の指導

1. はじめに

　近年，自閉症児者が地域社会でどのように生活していくかということに大きな関心が寄せられ，またそのための生活技能の向上に関する研究がなされてきている。それらの技能は，買い物［渡部・山本・小林，1990］，バスの乗車［渡部・上松・小林，1993］，料理［井上・飯塚・小林，1994］など幅広い範囲にわたっている。
　電話の使用も，これらの技能の一環として考えられる。スケジュールの変更を極端に嫌う自閉症児者にとって，非日常的な事態に遭遇した場合に，家庭や学校（就労先）と連絡を取る手段を獲得していることは，重要なことである。また，彼らの生活空間や対人関係を拡大する意味でも，電話をかけたり，受けたりできることは，必要な技能であると考えられる。そこで，本研究では，電話の使用を取り上げることにする。これまで電話の使用を目的とした研究がいくつか報告されてきている。Horner, Williams, and Steveley［1987］は，ジェネラルケースインストラクション（General Case Instruction：電話の使用に必要な反応バリエーションの分析を行い，出現頻度の高い反応バリエーションを直接指導によって体系的に教示する）を適用して，4名の中度と重度の知的障害者に対して電話をかける・受ける技能の習得と18か月後の維持に成功している。しかし，言語やコミュニケーションそのものに障害のある自閉症児者にとってもこの方法が有効であるか否かについては検討がなされていない。山

崎［1994］は，スクリプトマニュアル（絵や文字入りのカード）を用いて，2名の自閉症児に対して電話を受ける・かける技能の習得と維持に成功したことを報告している。しかしこの研究では，「電話を受ける」技能の習得に多くの試行数を必要としていた。

これらのことから，自閉症児者にとって電話の使用が困難である原因が，受話器やダイヤルの操作という動作的側面よりも，むしろ受け答えなどの言語・コミュニケーション的側面にあると考えられる。

一方，発達障害児に対するコミュニケーション・言語指導のアプローチの1つとして，スクリプト（繰り返し生ずる出来事に関する知識。特に，順序性をもった行為の系列からなるもの［無藤，1994］）を用いた指導が注目され，またその有効性が実証されてきている［長崎・吉村・土屋，1991；宮﨑，1992；長崎・片山・森本，1993；関戸，1994；佐竹，1994；大井，1995］。

この指導法は，子どもは様々な場面で限定されたスクリプトの要素（概念）を獲得しながら，それに対応した大人の言語からその意味や伝達意図を理解し，言語を表出するようになるという考えに基づいている。

以上のことから，電話の使用をスクリプトに組み込んで指導することによって，電話の受け答えの習得が促進されるのではないかと考えた。また，獲得したスクリプトを累積的に発展させることによって，より高次の行動や新たな行動の習得が可能になるであろうと考えた。

そこで，本研究では，最初に，スクリプトの理解に対する負荷を軽減するために，対象児がすでに獲得しているスクリプトに電話の使用を組み込んで「校内電話をかける」技能の指導を行い，次にそのスクリプトを基に，「自宅の電話をかける」，さらに「自宅の電話を受ける」技能へと発展させていった。具体的には，①「おかわり」ルーティンのスクリプトを用いて校内電話をかける，②「報告」ルーティンのスクリプトを用いて自宅の電話をかける，③「応答」ルーティンのスクリプトを用いて自宅の電話を受ける技能の習得を目指した指導を行った。そしてその結果から，指導方法の妥当性について検討することを目的とした。

2．方　法

1）対象児

　指導開始時 16 歳 3 か月の男児（以下，「K 児」とする）である。S 医科大学において自閉症と診断された。指導開始時は知的障害養護学校中学部 3 年に在籍していた。知能検査（新版田中ビネー式知能検査）の結果は，MA 6 歳 6 か月であった。3 語文程度の日常会話が可能であった。家庭においては，電話がかかってきてもでなかった。また，自ら電話をかけることもなかった。自宅の電話番号は記憶しており，電話の使い方もほぼ理解されていると思われた。指導を開始する直前に修学旅行先から自宅に電話をかけたところ，母親が応答しているにもかかわらず，母親の言ったことにエコラリアで応じるか，無言状態かのどちらかであった。しかし，2 年生の後半に電話の応答に関する学習をして以来，休み時間などに教室の校内電話の受話器を取り，黙って耳に押し当てている行動が何度か観察されている。

2）指導内容

(1)「おかわり」ルーティン

　毎給食時，K 児は自分の分を食べ終えると，担任の教師（Y 先生）におかわりを要求し，許可が出ると，配膳室となっている隣の教室（B 組）に行っておかわりをもらってきて食べる。この「おかわり」ルーティンに，「B 組に（校内）電話をかけて，おかわりがあるかどうかを B 組の担任（N 先生）に確認する」という行動を組み入れた。そのために，K 児の教室の電話の横には，B 組の電話番号（2 桁）を書いたカードを貼付しておいた。なお，各セッションとも，B 組には K 児がおかわりとして要求するであろうと思われるものを一とおり用意しておいた。また，電話での応答は N 先生に固定した。「おかわり」ルーティンのスクリプトを表 2-1-A に示した。

表2-1 「電話をかける・受ける」技能の習得に用いられたスクリプト

A「おかわり」ルーティン

場面1：担任に「おかわり」を要求する
 1）「Y先生，〜のおかわりをください」
 2）「N先生に，おかわりがあるか，電話で聞いてください」
 3）「はい」

場面2：隣のクラスに電話をかけて，確認する
 1）B組に電話をかける
 2）「はい，B組です」
 ※3）「もしもしKです。N先生いますか」
 4）「はい，N先生です」
 ※5）「〜のおかわりありますか」
 6）「はい，あります。欲しい人は来てください」
 ※7）「はい，ありがとうございます」
 8）電話を切る

場面3：電話の内容を担任に報告する
 1）「Y先生，〜のおかわりがありました」
 2）「はい。おかわりをどうぞ」

場面4：隣のクラスにおかわりをもらいに行く
 1）食器を持って，B組に行く
 2）「失礼します。〜のおかわりをください」
 3）「どうぞ」
 4）〜のおかわりを自分の食器によそう
 5）「失礼しました」
 6）自分のクラスに戻る

場面5：おかわりを食べる
 1）〜のおかわりを食べる

B「報告」ルーティン

場面：学校に電話をかけて，担任の教師に所要時間を報告する
 1）学校に電話をかける
 2）「はい，○○養護学校です」
 ※3）「もしもし，Kです．S先生いますか」

4）「はい，ちょっと待ってください」
　　5）「はい，S先生です」
※6）「S先生，…分で着きました」
　　7）「そう。早かったね。明日の『朝の会』で，シールをあげるね」
　　8）「はい，ありがとうございます」
　　9）「さようなら」
※10）「さようなら」
　11）電話を切る

C「応答」ルーティン

場面：担任の教師からの電話を受けて，所要時間を答える
　　1）受話器を取る
※2）「もしもし，Kです」
　　3）「もしもし，S先生です。K君ですか」
　　4）「はい」
　　5）「家に何時何分に着きましたか」
　　6）「○時×分です」
　　7）「そう。家まで何分かかりましたか」
　　8）「…分です」
　　9）「そう。明日，シールをあげるね」
　10）「はい，ありがとうございます」
　11）「さようなら」
　12）「さようなら」
　13）電話を切る

※は標的行動である。

〔ⅰ〕指導期間

1994年10月11日から12月12日まで給食のある日はほぼ毎日実施し，計34セッション（以下，「34S」とする）を行った。

〔ⅱ〕標的行動

「電話をかける」際に必要とされる4つの言語行動，①自分の名前を告げる（「もしもしKです」），②目当ての人が電話に出るように求める（「N先生いますか」），③用件を伝える（「～のおかわりありますか」），④お礼を言う（「はい，ありがとうございます」）を標的行動とした。

〔ⅲ〕手続き

◇ベースライン（以下，「B. L.」とする）：K児がY先生におかわりを要求してきた際に，「N先生に，おかわりがあるか，電話で聞いてください」と応じて，K児の行動観察を行った。N先生が応答した後，K児に10秒たっても反応がみられなかった場合，また誤反応だった場合には，試行が中止された。

◇指導：「おかわり」ルーティンのスクリプトに基づいて指導が展開された。適切な反応がみられなかった場合には，次のプロンプトが順次与えられた。①時間遅延5秒（5秒間注目する），②言語的手がかり（「何て言うの」），③モデル部分提示（語頭音のみ提示），④モデル全提示（文カードの提示）。なお，各セッションとも最終的にはK児がおかわりとして要求したものは与えられた。また，セッション26（以下，「S 26」とする）から電話番号のカードは外された。

◇プローブ：般化①K児の質問に対して「～はありません。…と―ならあります」と応じる（2S実施），般化②N先生以外の教師が応答する（2S実施）に対する反応が測定された。

◇維持：指導終了（プローブ測定後）から約1か月後にB. L.と同じ手続きで，維持が測定された。

〔ⅳ〕記録と分析

セッションごとにビデオテープに録画され，指導終了後，それを基に記録票に整理された。正反応であったか否かの判断は，セッション終了時に，Y先生・N先生との検討と合意のもとでなされた。

正反応率は，（標的行動の正反応数）／（全標的行動数＝4）× 100によって算出された。

(2)「報告」ルーティン

「報告」ルーティンのスクリプトは，「おかわり」ルーティンのスクリプトの場面2を発展させて作成した（表2-1-B参照）。帰宅後，K児に学校（S先生）に電話をかけさせるために，「下校チェックカード」の記入を始めた。これには，①月・日，②学校を出た時間，③家に着いた時間，④かかった時間（分），⑤シールの欄があり，①②は下校時に，③④は帰宅後に記入し，⑤のシールは

翌日の朝の会の時にS先生が与えることにした。また，確実にS先生が電話に出られるようにするために，S先生に電話をかける時刻を記したメモ（○時×分にS先生に電話をかけてください）を毎回持たせた。なお，学校にかかった電話は，いったん職員室で受け，それを校内電話で各教室につなぐかたちになるため，職員室の電話に，K児から電話がかかった場合の対応の仕方を記したメモを貼付し，他の教（職）員に協力を依頼した。

〔ⅰ〕指導期間

1995年2月3日から3月3日まで，出張などの日を除いてほぼ毎日実施し，計18Sを行った。

〔ⅱ〕標的行動

①「もしもしKです」，②「S先生いますか」，③「S先生，…分で着きました」，④「さようなら」を標的行動とした。

〔ⅲ〕手続き

◇B.L.：K児に学校に電話をかけさせ，教（職）員が応答してK児の行動を観察した。応答後，K児に10秒たっても反応がみられなかった場合，また誤反応だった場合には，試行が中止された。

◇指導：「報告」ルーティンのスクリプトに基づいて指導が展開された。適切な反応がみられなかった場合には，母親によって，「おかわり」ルーティンと同様のプロンプトが順次与えられた。下校にかかった時間は「下校チェックカード」を見ながら報告してもよいことにした。

◇プローブ：S先生以外の教師が応答するに対する反応が測定された。

◇維持：指導終了（プローブ測定後）から約2週間後にB.L.と同じ手続きで，維持が測定された。

〔ⅳ〕記録と分析

指導終了後に，家庭では母親が，学校ではS先生が記録票に記入をした。正反応であったか否かの判断は，翌日2枚の記録票を照合し，母親とS先生との検討と合意のもとでなされた。

正反応率は，「おかわり」ルーティンと同様の方法で算出された。

(3)「応答」ルーティン

「応答」ルーティンのスクリプトは「報告」ルーティンのスクリプトを発展させて作成した（表2-1-C参照）。このルーティンでも「下校チェックカード」を使用し，またK児が確実に電話に出られるように，S先生が電話をかける時刻を記したメモを毎回持たせた。

〔ⅰ〕指導期間

1995年3月4日から3月15日まで毎日実施し，計9Sを行った。なお，K児は3月10日に卒業したため，それ以降は部活動の練習で登校した機会をとらえて対応した。

〔ⅱ〕標的行動

かかってきた電話の受話器を取って，「もしもしKです」と応答することを標的行動とした。

〔ⅲ〕手続き

◇B.L.：S先生がK児の家に電話をかけて，K児の行動を観察した。呼び出し音が10回なってもK児に反応がみられなかった場合，また誤反応だった場合には，試行が中止された。

◇指導：「応答」ルーティンのスクリプトに基づいて指導が展開された。適切な反応がみられなかった場合には，母親によって，「おかわり」ルーティンと同様のプロンプトが順次与えられた。下校にかかった時間は，「報告」ルーティンと同様に，「下校チェックカード」を見ながら報告してもよいことにした。

◇維持：指導終了から約2週間後にB.L.と同じ手続きで，維持が測定された。

〔ⅳ〕記録

記録と正反応であったか否かの判断は，「報告」ルーティンと同様の方法でなされた。

3. 結　果

1)「おかわり」ルーティン

B.L.では,「N先生に,電話で聞いてください」と再度声かけをすると,「電話」と言いながら電話の所に行き,受話器を取ってダイヤルを回すことができた。しかし,番号を間違えたのか,B組にはつながらなかった。S3以降,1人でB組の電話番号をダイヤルできるようになった。S4では,「電話で聞いてください」と言われると,自ら電話の所に行き,誤反応ではあったが,「N先生,〜のおかわりをください」と電話で自分の要求を伝えることができた。

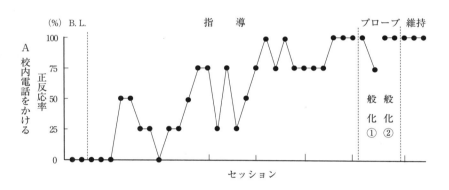

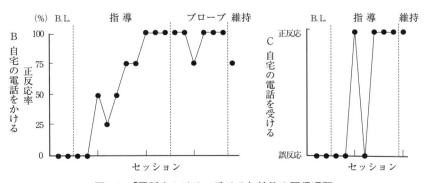

図2-1 「電話をかける・受ける」技能の習得過程

また，標的行動の①はS8以降，②・③はS14以降ほぼ連続して正反応がみられたが，④はS21で初めて正反応がみられ，S28以降正反応が連続してみられるようになった。さらに，プローブおよび維持においても高い正反応率が得られた（図2-1-A参照）。

2)「報告」ルーティン

S4で，帰宅後，K児が自ら「下校チェックカード」を母親のところへ持ってきて「何分，書く」と言って記入を始めたこと，そして書き終えると，すぐに電話の所へ行ってプロンプト用の文カードを準備し，電話をかける時間が来るのを待っていたことが，母親から報告された。また，S5以降，正反応がみられるようになってきた。しかし，S9までに，呼び出し音がなっている間に話し始めたことが4回観察された。また，職員室にかかった電話を校内電話でS先生につないでいる間にK児が用件を言ってしまうということも4回連続してみられた。そこで，S7以降，「ちょっと待ってください」を「1分間待ってください」に変更し，また家庭でも電話のそばに時計を置いてもらったところ，S先生が応答するまで待てるようになった（なお，プローブより「ちょっと待ってください」に戻した）。これらの結果，S10で正反応率が100％に達した。また，プローブでもほぼ100％の正反応率が，維持でも75％の正反応率が得られた（表2-1-B参照）。

3)「応答」ルーティン

S3で，約束の時間になる前からK児が電話の前に立って電話がかかってくるのを待っていたことが，S4で，母親が2階にいるK児にS先生からの電話がかかってきたことを知らせたところ，うれしそうに降りてきたことが，母親から報告された。また，S5から正反応がみられた。しかし，S3で，K児が「40分」を「25分」と言い間違えたことに電話を切った後で気づき，慌てて受話器を取って言い直しをしていたことも報告されている。また，2週間後に習得された行動が維持されていたことが観察された（図2-1-C参照）。

4．考　察

1）「おかわり」ルーティンについて

　K児は標的行動が習得される以前に，ダイヤルの操作が可能になった。このことからも，自閉症児者にとって電話の使用が困難である原因を，動作的側面ではなく言語・コミュニケーション的側面に求めることができよう。

　S4で，誤反応ではあったが，自分の要求を電話でN先生に伝えることができた。このことからスクリプトの理解がS4までにほぼなされていたと考えられる。このように，指導の初期の段階でスクリプトの理解がなされたのは，すでにK児が獲得しているスクリプトを利用したために，K児にとってスクリプト理解のための負荷がある程度軽減されたからであろうと推察される。

　また，S6から正反応がみられるようになった。これは，電話の使用をスクリプトに組み込んで指導した結果であると考えられる。

　それでは，なぜスクリプトを利用することによって電話の受け答え（言語・コミュニケーション的側面）の習得が促進されたのであろうか。1つは，スクリプトの理解がなされたことによって，K児はそこで展開される出来事に見通しがもてるようになった。そのため，K児は電話の受け答えにだけ注意を集中すればよくなったために，その習得が促進されたと考えることができる。2つめとして，スクリプトでは，電話の使用がおかわりをもらうための手順の一部になっていた。そのために，K児は，いかに自分の用件をN先生に的確に伝えるか，ということに留意したものと考えられる。その結果，電話の受け答えの習得が促進されたと推察される。また，最終的におかわりをもらえたことも，この行動を強化する要因になっていたと考えられる。

2）「報告」ルーティンと「応答」ルーティンについて

　「報告」ルーティンでは，S4で，K児が自ら「下校チェックカード」の記入を終えると，電話の所へ行って電話をかける時刻がくるのを待っていたこと

から，またS5以降正反応がみられるようになったことから，S5までにスクリプトの理解がおおよそなされていたと考えられる。また，「応答」ルーティンでも，S3で，約束の時間になる前からK児が電話の前に立って電話がかかってくるのを待っていたことから，S5で正反応がみられたことから，指導開始直後にはスクリプトの理解がほぼなされていたと推察される。

　このように指導の早期にスクリプトの理解がなされたのは，「おかわり」ルーティンおよび「報告」ルーティンの指導で習得したスクリプトを発展させるかたちで，「報告」ルーティンと「応答」ルーティンのスクリプトを作成したからであると考えられる。そのために，これら2つのスクリプトにおいても，K児にとって，スクリプト理解のための負荷がある程度軽減されたものと考えられる。また，「おかわり」ルーティンでは正反応率が100％に達したのは指導開始後19Sめであったが，「報告」ルーティンでは指導開始後8Sめであった。「応答」ルーティンでは指導開始後3Sめで正反応がみられるようになった。これらのことから，習得したスクリプトを累積的に発展させることによって，「校内電話をかける」を「自宅の電話をかける」に，「自宅の電話をかける」を「自宅の電話を受ける」に移行できたように，より高次の行動や新たな行動の習得が可能になっていくことが示唆される。

3）本研究の課題

　指導を展開していくなかで，いくつかの課題が示された。それは，K児が，呼び出し音がなっている間に話し始めたり（「報告」），職員室にかかった電話を校内電話でS先生につないでいる間に用件を言ってしまったり（「報告」），あるいは電話を切った後で言い間違いに気づき，再度受話器を取って言い直したり（「応答」）したことである。これらの課題に関して，K児は電話の構造や機能を十分に理解していないと思われることから，改めてそれらについて指導する必要があるといえよう。また，聴覚による情報の理解や記憶などに困難を示す［佐々木，1993］自閉症児にとって，例えば聴覚だけを手がかりとして，相手が電話に出ているか否かを判断することはきわめて困難なことであると考

えられる。したがって，電話で自閉症児を待たせる場合には，あいまいな言い方を避け，できるだけ具体的な対応をする必要があるといえよう。

　一方，これらの課題は，大井［1995］が指摘するように，意味が話し手の中で生成されず，本当に伝えたいことを話すという語用論上の誠実性原則が破られ，単に指導者が与えた行動手順を儀式として表出した結果である，という捉え方もできよう。しかし，この点については，次のように考えられる。

　第1に，「おかわり」ルーティンのプローブでは般化①と②が，また「報告」ルーティンのプローブでも般化が観察され，しかも両ルーティンにおいて高い正反応率が得られた。このようにプローブにおいてK児が柔軟に対応できたことから，スクリプトの行動手順を遂行していくなかで，K児なりにその意味の生成がなされていったものと推察される。次に，K児が，自ら準備をして電話をかける時刻がくるのを待っていたこと（「報告」），約束の時刻になる前から電話の前でかかってくるのを待っていたこと（「応答」），またS先生からの電話という母親の呼びかけにうれしそうに2階から降りてきたこと（「応答」）が，報告されている。これらのことは，K児がスクリプトに基づいた行動手順を儀式的に表出していったというよりは，むしろ心待ちにしながら（楽しみながら）遂行していったということのあかしであるともいえよう。

＊

〔本研究は，関戸英紀［1996a］特殊教育学研究，33（5）において発表された〕

研究 3 ―自閉症児における応答的発話の習得
―共同行為ルーティンによる言語指導を通して―

1．はじめに

　わが国でも 80 年代後半から，応答的発話の習得が困難な自閉症児の言語指導において，「自然な方法」を志向するようになってきている。これは，①非日常的な場面で言語指導を行ってもその結果が日常場面で般化しない，②子どもの経験や興味と無関係な事柄について言語を教えてもあまり意味がない，③随伴的な称賛によって形成された言語行動はそうした人為的な随伴性を含まない日常の環境では維持されにくい，という従来の言語指導の反省から起こったものである［大井，1994］。また，社会的文脈において言語を使うことがその構造と内容を生み出すとする「語用論革命」［McTear & Conti-Ramsden, 1992］の考え方もこのような志向と関係していると考えられる。

　この自然な方法の1つとして，近年ルーティンを用いた指導法が注目され，またその有効性が実証されてきている［宮崎，1992；宮崎・岡田・水村，1996；長崎・吉村・土屋，1991；長崎・片山・森本，1993；長崎，1994；長澤，1995；小野里・中川・藍田・中島・長崎，1996；佐竹・小林，1994；関戸，1994，1996a］。この指導法は，子どもは様々な場面でスクリプトの要素を獲得しながら，それに対応した大人の言語からその意味や伝達意図を理解し，言語を表出するようになるという考えに基づいている［長崎，1994］。そしてこの考えを背景に，日常の生活日課や遊びのように子どもが喜んで参加し，自発的な伝達が頻繁に起きる活動を計画的に繰り返し設定する中で言語指導が行われる。

なお本研究では，順序性や因果性を含む定型化された行為の系列をルーティンと呼び，ルーティンが子どもの知識となったときにスクリプトと呼ぶことにする。すなわち，スクリプトは，ルーティンを繰り返すことによって，①ルーティンに含まれる言語・非言語を問わず行為の系列をそのまま再現できるようになる，②単に行為の系列を機械的に獲得するのではなく，その意味や伝達意図を理解する，という2つの側面をもつ。

長崎［1995］は，このスクリプトの獲得の1つの指標として，ルーティンに含まれる非言語行動の自発的遂行と言語行動の自発的表出をあげている。しかし，これまでのルーティンを用いた言語指導においては，標的行動と同様に指標とされる非言語行動や言語行動に対しても指導者によって直接的な指導が行われてきている［長崎ら，1991；長崎ら，1993］。したがって，非言語行動の自発的遂行や言語行動の自発的表出がみられたとしても，それはスクリプトの①の側面を獲得したにすぎないといえよう。

一方，無藤［1994］は，スクリプトの骨組みが完成すると，子どもは要素を自発的に変更したり，大人の予測を越えた，しかしスクリプトにとって非逸脱的でアドリブ的な行動を示したりすることを指摘している。

ファーストフード店のルーティンを用いてダウン症児に語彙の習得とその自発的使用を目的とした指導を行った小野里ら［1996］は，対象児が食品注文後，店員が誤物品を提示して注文品を確認するようにしたところ，対象児に適切な対応がみられるようになったことを，また指導終了後実際のファーストフード店で般化が確認されたことを報告している。しかしこの研究では，注文品の確認場面で対象児に適切な反応がみられなかったときには指導者によって直接的な指導が行われており，また習得した言語行動のファーストフード店以外の日常場面での般化については検討がなされていない。

さらに，ルーティンを用いた言語指導の日常場面での般化の状態についてみてみると，エピソード的，あるいは補足的な報告がなされている研究は多い［長崎ら，1991；長崎ら，1993；長澤，1995；佐竹・小林，1994；関戸，1994］が，指導の推移に伴って日常場面での般化の状態を検討した報告はこれまでな

されていない。

　これらのことから，スクリプトの②の側面の獲得を評価するために，ルーティンの再現の中で対象児が自発的に示す適切な言語行動のバリエーションと習得した言語行動の日常場面での般化を指標として加えることは，必要なことであるといえよう。

　そこで本研究では，質問に対してエコラリア（誤答）で応じるMA2歳10か月の自閉症男児に対して，「買い物・トーストづくり」ルーティンを用いて5つの型の質問に対する適切な応答的発話の習得を目的とした指導を行った。そしてその結果および般化の状態から，①ルーティンの再現の中で対象児が適切な応答的発話のバリエーションを自発的に表出するか，②習得した言語行動の日常場面での般化がみられるか，③ルーティンを繰り返すことによってスクリプトの②の側面の獲得が可能になるか，について検討した。

2．方　法

1）対象児

　指導開始時12歳5か月の自閉症男児（以下，「D児」とする）。療育センターにおいて自閉症と診断された。知的障害養護学校小学部を経て，指導開始時養護学校中学部1年に在籍していた。知能検査（全訂版田中ビネー知能検査，1995年4月実施）の結果は，MA2歳10か月，IQ 23であった。また，絵画語彙発達検査（1995年5月実施）の結果はVA2歳2か月であった。

　日常的な事柄に関する言語指示を聞き取って行動することができるが，指導者からの指示を待って行動する場合が多い。調理活動に高い関心を示し，家庭でも食事の手伝いなどをよく行っている。また昼休み等には，野菜や果物の絵を色鉛筆を使って巧みに描き，描き終わるとはさみでそれらを切り抜くことを楽しんでいる。日常の会話では3語文の使用がみられることもあるが，言語行動が自発されるときは要求と叙述（「暑い」「痛い」等）の機能をもっているこ

とが多い。

　日常場面での質問に対する応答についてみてみると,「～する人」と聞かれた場合には自分の意思にかかわらず,「はい」と言って挙手をする。母親からは, What 型の質問に小学部中学年頃から, Which 型の質問に小学部6年頃から正答がみられるようになってきたと報告を受けている。また, 指導直前に家庭と学校において Where 型の質問に正答できたことが, それぞれ数回確認されている。しかし, Yes-No 型（Yes-No で答えられる質問）・A or B 型（A か B かの選択を要求する質問）・Who 型・Whose 型・How 型・Why 型の質問にはエコラリア, 誤答, 無答で応じることが観察されている。

2）指導期間

　在籍養護学校中学部の国語（小集団指導）の時間を用いた。1セッション（以下,「1S」とする）約30分であった。1995年5月から1996年2月まで指導を実施し, 計23Sを行った。

3）指導方法

　指導方法については, 長崎ら［1991］, 関戸［1994］を参考にした。
(1)「買い物・トーストづくり」のルーティン
　指導場所として多目的ルーム（8m×15m）をついたてで2つに仕切り, それぞれの空間を家および店とみなした。指導者1名とD児の他に3名の知的障害児が本ルーティンに参加した。他の生徒もコミュニケーションに焦点をあてた言語指導を受けたが, 今回の分析からは除外した。

　「買い物・トーストづくり」のルーティンを表3-1示した。このルーティンは,「導入」「つくるトーストを決める」「店で買い物をする」「トーストをつくる」「トーストを食べる」という5つの場面から構成されている。そして, それぞれの場面もさらにいくつかの行為から構成されている。発問は, 場面3では売り手である生徒が行ったが, それ以外の場面では指導者が行った。店では, 売り手の前の机上にバター・ジャム・ジュース（2種類）が並べられた。

表3-1 「買い物・トーストづくり」のルーティン

役割：指導者，店の人，トーストを作る人（対象児），飲み物の用意をする人
道具：絵カード（5枚），メモ用紙，鉛筆，財布，お金，ビニール袋，パン，バター，ジャム，ジュース（2種類），おしぼり，オーブントースター，ナイフ，まな板，皿（4色），コップ（4色）

場面1：導入
　※1）"買い物・トーストづくり"の準備をする
　　2）指導者が"買い物・トーストづくり"の手順を絵カードで説明する
　①3）「誰がパンを焼きますか」の問いに答える

場面2：つくるトーストを決める
　②1）「パンは好きですか」の問いに答える
　③2）「（パンにつけるのは，バターとジャムの）どっちがいいですか」の問いに答える
　※3）買ってくる物（バター・ジャム）をメモ用紙に記入する
　　4）「お金をください」と言って，お金をもらい，財布に入れる
　◎5）「いってきます」を言って，出かける

場面3：店で買い物をする
　◎1）（「いらっしゃいませ」に対して，）「こんにちは」と応じる
　④2）「何をあげましょうか」の問いに答える
　※3）お金を払って，品物をもらう
　　4）（「ありがとうございました」に対して，）「さようなら」と応じる

場面4：トーストをつくる
　◎1）「ただいま」を言って，戻る
　※2）おしぼりで手を拭く
　※3）パンをオーブントースターで焼く
　⑤4）「パンは焼けましたか，焼けてないですか」の問いに答える
　※5）パンにバター（ジャム）をぬる
　※6）パンをナイフで4つに切って，皿に盛る
　⑥7）「これは，誰のパンですか」の問いに答える
　◎8）「どうぞ」と言って，皿を配る
　　9）ジュースの用意をして，配る

場面5：トーストを食べる
　◎1）「いただきます」を言う

2）トーストを食べ，ジュースを飲む
⑦3）「パン（の味）はどうですか」の問いに答える
◎4）「ごちそうさま」を言う
※5）後片づけをする

①②⑤⑥⑦はそれぞれの問いに答える標的行動，※は「自発的非言語行動」の評価項目，
◎は「自発的言語行動」の評価項目である。

　家では，テーブルの上に，メモ用紙・鉛筆・財布など買い物に必要な物品やおしぼり・トースター・まな板・皿などトーストづくりに必要な道具が自由に使えるように置かれた。セッションごとに，つくるトースト（買ってくる物）はD児に選択させた。また，トーストをつくるテーブルとトーストを食べるテーブルとは別にした。
　なお，D児は他の3名の生徒の名前を言うことができた。また，D児を含めた4名の生徒が使用する皿とコップの色を生徒ごとに同一にし，しかも全セッションを通じて換えないようにした。そのため場面4では，D児は皿の色を手がかりにして，誰のパンであるかを判断することができた。

(2) 標的行動
　次の5つの型の質問に対する適切な応答的発話の習得を目的とした。
　　場面1：質問①「誰がパンを焼きますか」
　　場面2：質問②「パンは好きですか」
　　場面4：質問⑤「パンは焼けましたか，焼けてないですか」
　　　　　 質問⑥「これは誰のパンですか」
　　場面5：質問⑦「パン（の味）はどうですか」
　場面2の質問③「（パンにつけるのは，バターとジャムの）どっちがいいですか」，場面3の質問④「何をあげましょうか」は，日常場面においてWhich型・What型の質問に正答できることが確認されていたため，標的行動から除外した。質問①では自分の名前および「はい」の両方の応答を，質問②でも「はい」および「好き」の両方を，質問⑦では「おいしい」「甘い」などの応答を正反応とした。また，ルーティンの構成上，Where型・When型・Why型

の質問の設定が難しかったことと，D児のMAが2歳10か月であり，When型の質問への応答がMA4歳後半から可能になると考えられる［大久保，1967；村田，1972］ことからこれらの質問は割愛した。

(3) 手続き

〔ⅰ〕ベースライン

指導者（売り手）がD児に質問をし，反応が正答，誤答，エコラリアだった場合には，指導者は軽くうなずき，次の行為に移るか，あるいはD児に次の行為を促した。無答だった場合には，5秒たっても応答的発話がみられなければ，指導者は次の行為に移るか，あるいはD児に次の行為を促した。

〔ⅱ〕指導

「買い物・トーストづくり」のルーティンに基づいて指導が展開された。

それぞれの質問に対して，適切な応答的発話がみられなかった場合には，次のプロンプトが与えられた。無答（質問後5秒以内に応答的発話がみられない）の場合には，①言語的手がかり（「何て言うの」），②モデル部分提示（語頭音だけ提示），③モデル全提示のプロンプトが順次与えられた。また，誤答，エコラリアの場合には，再度質問をし，それでも正答がみられなかったときには，無答と同様のプロンプトが与えられた。

なお，質問⑤では，セッション6（以下，「S6」とする）までエコラリアが連続してみられたが，これはD児にとってパンが焼けたか否かの判断が難しかったためであると考えた。そこで，S7から17までパンを焼く前に，D児にパンが焼けた写真と焼けていない写真に「焼けました」「焼けていません」という文カードを貼付したものを提示し，それらの状態を確認させるようにした。

(4) スクリプトの獲得

〔ⅰ〕自発的非言語行動

自発的非言語行動を評価するために，評価項目として場面1・2・3・5に各1項目，場面4に4項目，計8項目を設定した（表3-1参照）。自発的非言語行動がみられなかった場合には，①言語指示，②指差し，③ジェスチャー，④モデリングの順でプロンプトが与えられた。

〔ⅱ〕自発的言語行動

応答以外の自発的言語行動を評価するために，ルーティンの中のあいさつことばを中心に評価項目とし，場面２から５までに各２項目ずつ計８項目を設定した（表3-1参照）。自発的言語行動がみられなかった場合には，①時間遅延５秒（５秒間注視する），②言語的手がかり，③モデル部分提示，④モデル全提示の順でプロンプトが与えられた。

〔ⅲ〕適切な応答的発話のバリエーション

D児が自発的に表出した適切な応答的発話のバリエーションを評価の対象とした。ただし，質問③ Which 型・質問④ What 型は標的行動からは除外したが，これらの質問にもバリエーションの可能性が考えられることから本指標では評価の対象に含めた。

〔ⅳ〕日常場面での般化

日常場面での般化を測定するために，プレテスト，中間テスト，およびポストテストを行った。

◇プレテスト：ベースラインを測定する直前に，給食場面を利用して，標的とした５つの型の質問形式を使って，筆者がその日の献立に関する内容を中心にD児に質問をした。すなわち，質問① Who 型：「誰がストローを配りますか」，質問② Yes-No 型：「スープは好きですか」，質問③ A or B 型：「スープのおかわりはいりますか，いりませんか」，質問④ Whose 型：「これは誰の牛乳ですか」，質問⑤ How 型：「スープの味はどうですか」などである。D児の反応がエコラリア，誤答，無答だった場合には筆者は再度質問を繰り返し，その反応に対しては軽くうなずいた。なお，プレテストは３日間（３回）行った。

◇中間テスト：S 10・18 の直後に中間テストとして，筆者が給食の時間にプレテストと同じ条件のもとでテストを行った。

◇ポストテスト：指導終了直後にポストテストとして，筆者が給食の時間に，プレテストと同じ条件のもとでテストを行った。１回めの質問に対するD児の反応が正答だった場合には，筆者は軽くうなずいた。なお，ポストテストも３日間（３回）行った。

(5) 記録の方法

D児の指導場面はセッションごとにビデオテープに録画され，指導終了後，それをもとにチェックリストに整理された。正反応であったか否かの判断は，ビデオを視聴しながら，筆者（指導者とは異なる）と指導者との検討と合意のもとでなされた。

3．結　果

1）応答的発話の習得

応答的発話の習得過程は，図3-1示すとおりである。ここでは，指導者（売り手）からのそれぞれの質問に対して，D児が最初に示した反応を評価の対象とした。なお，指導者が誤ってスクリプトの質問とは異なる聞き方をした場合，あるいは指導者が発問する前にD児が反応した（答えた）場合などには，「その他」とした。

S5，S15，S23の質問への正反応率を比較すると，43％，57％，100％とセッションの進行とともに上昇していった。

質問ごとに結果をみていく。質問①「誰がパンを焼きますか」はS10以降，質問②「パンは好きですか」はS11以降，質問⑥「これは誰のパンですか」はS14以降，ほぼ連続して正答がみられた。これらのことから，質問①・質問②・質問⑥に関しては適切な応答的発話が習得されたといえる。一方，質問⑤「パンは焼けましたか，焼けてないですか」・質問⑦「パン（の味）はどうですか」については指導期間内での適切な応答的発話の習得が困難であった。しかし，質問⑤ではS7以降，パンを焼く前に文カードを貼付した写真をD児に提示するようにしたところエコラリアが減少し，S12で初めて正答がみられた。また，質問⑤に対する反応として「その他」が8回みられた。これはS10以降，指導者が発問する前にD児が「焼けました」と反応するものであった。質問⑦ではS15以降もエコラリアが5回みられたが，そのうちの3

回は再度質問をすることによって正答が得られた。

2）スクリプトの獲得
(1) 自発的非言語行動

自発的非言語行動の評価では，各場面において非言語行動が自発的に生起し

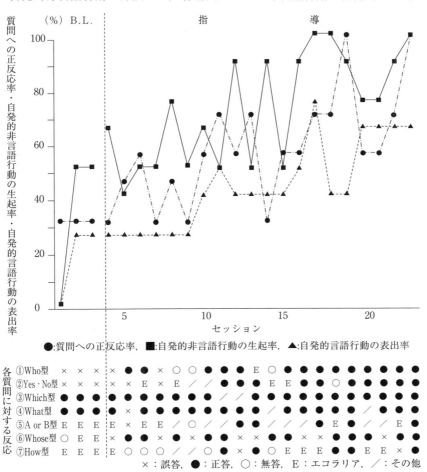

図3-1 応答的発話の習得過程，自発的非言語行動の生起率および自発的言語行動の表出率

たか否かを評価の基準とした。自発的非言語行動の生起率を図3-1に示した。S 5, S 15, S 23の自発的非言語行動の生起率を比較すると, 38%, 50%, 100%とセッションの進行とともに上昇していった。

(2) 自発的言語行動

自発的言語行動の評価でも, 各場面において言語行動が自発的に表出されたか否かを評価の基準とした。自発的言語行動の表出率を図3-1に示した。S 5, S 15, S 23の自発的言語行動の表出率を比較すると, 25%, 38%, 63%とここでもセッションの進行とともに上昇していった。

(3) 適切な応答的発話のバリエーション

D児が自発的に表出した適切な応答的発話の内容を表3-2に示した。

質問⑤「パンは焼けましたか, 焼けてないですか」（適切な応答的発話の表出回数5回。以下, 「5回」とする）では「焼けました」（表出回数4回。以下, 「4回」とする）と「焼けてません」（1回）が自発的に表出された。また, 標的行動からは除外したが, 本指標では評価の対象に含めた質問③「（パンにつけるのは, バターとジャムの）どっちがいいですか」（21回）では「バター」（17回）と「ジャム」（4回）が, 質問④「何をあげましょうか」（20回）でも「バター」（17回）と「ジャム」（3回）が自発的に表出された。その他の質問では, 応答的発話にバリエーションがみられなかった。これらのことから, 適

表3-2 適切な応答的発話のバリエーション

質問形式	適切な応答的発話の表出回数	適切な応答的発話の内容（回数）
① Who 型	14	はい (14)
② Yes-No 型	10	はい (10)
③ Which 型	21	バター (17), ジャム (4)
④ What 型	20	バター (17), ジャム (3)
⑤ A or B 型	5	焼けました (4), 焼けてません (1)
⑥ Whose 型	12	4人全員の名前 (12)
⑦ How 型	5	おいしい (4), おいしかったです (1)

切な応答的発話の表出回数に差があるものの，質問③・④・⑤において適切な応答的発話のバリエーションが自発的に表出されたといえる。

(4) 日常場面での般化

プレテスト，中間テスト，およびポストテストの結果を表3-3に示した。3つのテストを通して，正答はポストテスト（3回実施）のYes-No型（例えば，「スープは好きですか」）で2回みられただけであった。しかしながら，プレテストではエコラリアが67％，誤答が13％であったが，ポストテストでは，エコラリアが40％，誤答が47％に変化した。また，ポストテストでは，再質問をすることによって，Who型・Yes-No型・A or B型で，それぞれ1回ずつ正答がみられた。How型でも，中間テストとポストテストにおいて，再質問をすることによってそれぞれ1回ずつ正答がみられた。さらにポストテストにおいて，Whose型の「これは誰の牛乳ですか」に対して「牛乳をください」と答えたことが2回みられた。

一方，学校生活の他の場面において，Who型・Yes-No型・Whose型およびA or B型の質問に対して，D児が適切に応答できたことが観察された。

表3-3 プレテスト・中間テスト・ポストテストの結果

質問形式	プレテスト			中間テスト S 10　S 18		ポストテスト		
Who 型	E	E	E	○	×	E	×*	×
Yes-No 型	E	○	E	E	E	●	●	E*
A or B 型	E	○	E	×	×	×	×*	×
Whose 型	○	E	×	×	×	×	E	×
How 型	E	E	×	○	○*	E	E	E*

×：誤答，●：正答，○：無答，E：エコラリア，*：再質問で正答

4．考 察

1）応答的発話の習得

　質問①「誰がパンを焼きますか」・質問②「パンは好きですか」・質問③「これは誰のパンですか」については適切な応答的発話が習得されたといえる。しかし，質問⑦「パン（の味）はどうですか」については適切な応答的発話の習得が困難であった。この違いは，指導者が発問をする際にD児に対して視覚的な手がかりを提示し得たか否かによると考えられる。すなわち，指導者は，質問①ではパンを焼いている絵カードを，質問②では食パンを，質問⑥ではトーストの入った皿をD児に示しながら発問をすることができた。ところが質問⑦では，指導者はD児が（一口大の）トーストを食べ終わった後に発問をしなければならなかったために，D児にとっては視覚的な手がかりが存在しなかった。これらのことから，視覚的な手がかりが弁別刺激となり，D児に対して適切な応答的発話の表出を促進したものと考えられる。

　ところで，質問⑤「パンは焼けましたか，焼けてないですか」では，視覚的な手がかりが存在したにもかかわらず，適切な応答的発話の習得がなされなかった。つまり，S10以降，指導者が発問する前にD児が「焼けました」と反応するパターンが7回みられた。この要因として次のことが考えられる。D児にパンが焼けたか否かを理解させるためにS7から17まで，パンを焼く前にD児に文カードを貼付した写真を提示してそれらの状態を確認させるようにしたが，これは「叙述」の指導であったともいえよう。したがって，D児がパンが焼けたと判断したときに，自発的に「焼けました」と表出したものと考えられる。また，D児がパンを焼いている間に指導者が別のテーブルで他の3名の生徒の指導をしていたために，発問のタイミングが遅れたことも考えられる。

2）スクリプトの獲得
(1) 自発的非言語行動と自発的言語行動
　セッションの進行とともに自発的非言語行動の生起率，および自発的言語行動の表出率が上昇していった。ルーティンを繰り返すことにより，ルーティンに含まれる言語・非言語を問わず，行為の系列をそのまま再現できるようになるというスクリプトの①の側面が，獲得されつつあったといえよう。また，標的行動とした応答的発話の正反応率が上昇するにつれ，自発的非言語行動の生起率，および自発的言語行動の表出率も上昇していった。これらのことから，三者の習得（獲得）の過程に相関があったと考えられる。

(2) 適切な応答的発話のバリエーション
　適切な応答的発話のバリエーションが，質問③「（パンにつけるのは，バターとジャムの）どっちがいいですか」・質問④「何をあげましょうか」・質問⑤「パンは焼けましたか，焼けてないですか」において自発的に表出された。これら3つの質問において適切な応答的発話のバリエーションがみられた要因として，次のことが考えられる。質問③では応答はバターとジャムの中から，質問④でも応答はバターとジャムを提示された中からどちらかを選択すればよかった。また，質問⑤では応答はパンが「焼けた」「焼けてない」の中からどちらかを選択すればよかった。すなわち，これら3つの質問に共通している点として，質問された時の状況や質問そのものの構造が二者択一的であったことがあげられる。したがって，D児は好みや状況に応じてどちらかを選択すればよかったため，バリエーションが表出されやすかったものと考えられる。

(3) 日常場面での般化
　学校生活の他の場面において，Who型・Yes-No型・Whose型の質問に対して，D児が適切に応答できたことが観察された。しかし，ポストテスト（3回実施）において正答がみられたのは，Yes-No型だけであった（2回）。またYes-No型では，残りの1回でも再質問をすることによって正答が得られた。これらのことから，Yes-No型では般化がみられたといえよう。
　ところで，プレテストとポストテストの結果を比較すると，ポストテストで

はエコラリアの割合が減少する一方で，誤答の割合が増加した。また，ポストテストでは再質問をすることによって正答が4回みられた。関戸［1994］は，14歳の自閉症男児への「何がほしいですか」という質問に対する反応が，エコラリアの消失後，無答－誤答－正答と変化していったことを報告している。これらのことから，D児が他の4つの質問の意味を理解しつつあったとも考えられよう。

　また，Whose型でもポストテストにおいて，「これは誰の牛乳ですか」に対して「牛乳をください」と答えたことが2回みられた。この応答は，Whose型に対する応答としてみれば不適切であるが，給食場面の文脈の中で考えると必ずしも不適切であるとはいい切れないであろう。一方，Who型ではポストテストにおいて再質問をすることによって正答が1回みられただけであった。Yes-No型・Whose型とWho型との間でこのような違いが生じた要因として，次のことが考えられる。すなわち，指導場面とポストテストにおいて，Yes-No型とWhose型では質問の意味内容が類似していた（「パンは好きですか」－「スープは好きですか」，「これは誰のパンですか」－「これは誰の牛乳ですか」）。これに対してWho型では，両者間において質問の意味内容が異なっていた（「誰がパンを焼きますか」－「誰がストローを配りますか」）。このように両者間において質問の意味内容が類似していたか否かが，D児の質問の意味の理解に影響を及ぼしたものと考えられる。

(4) スクリプトの②の側面の獲得

　ルーティンを繰り返すことによってスクリプトの②の側面の獲得，すなわち行為の系列の意味や伝達意図の理解が可能になるか否かを評価するために，本研究ではルーティンの再現の中で，対象児が自発的に示す適切な応答的発話のバリエーションと獲得した応答的発話の日常場面での般化を，指標として設定した。その結果，適切な応答的発話のバリエーションと日常場面での般化が一部でみられたものの，スクリプトの②の側面の獲得が可能になったといえるまでには至らなかった。一方，質問されたときの状況や質問そのものの構造が対象児の適切な応答的発話のバリエーションの表出と関連していることが，また

指導場面と般化測定場面とにおける質問の意味内容の類似性が参加児の質問の意味の理解に影響を及ぼしていることが，示唆された。以上のことから，これら2つの指標とスクリプトの②の側面の獲得との関連性については，今後さらなる検討が必要であるといえよう。

また，前述した2つの指標以外に，例えばルーティンの中の一部（標的とした応答的発話の一部など）については，直接的な指導をしないで常にプローブとしておき，対象児の他の自発的非言語行動の生起や自発的言語行動の表出にともなって，このプローブの正反応率も上昇するかどうかについて検討することも指標の1つとして考えられよう。スクリプトの②の側面の獲得を評価するための指標として，どのような手続きの介入が適切であるかについても併せて検討する必要があろう。

さらに，本研究ではスクリプトの②の側面の獲得が可能になったといえるまでには至らなかったが，標的行動とした5つの応答的発話のうち3つを習得することができた。長崎［1995］は，「スクリプトの獲得」が「伝達機能や言語の習得」の基盤になっているという仮説を立てているが，この両者の関連性についても今後は詳細に検討される必要があろう。

＊

〔本研究は，関戸英紀［1998］特殊教育学研究，36（1）において発表された論文に，一部加筆した〕

研究 4　あいさつ語の自発的表出に困難を示す自閉症児に対する共同行為ルーティンによる言語指導

1．はじめに

　1990年以降，わが国においても，自閉症児者の社会的自立を目指したソーシャル・スキルの指導に関する研究がなされ，その成果が報告されてきている。それらのスキルは，買い物［渡部・山本・小林，1990；渡部・山口・上松・小林，1999］，バスの乗車［渡部・上松・小林，1993］，料理［井上・井上・小林，1996；井上・飯塚・小林，1994］，貨幣価の理解［山崎，1996］，電話の使用［関戸，1996a；山崎・進藤，1997］，単独での登下校［安部，1997］，ジャンケン［関戸，1995，1999］など幅広い分野にわたっている。

　あいさつも，これらのスキルの1つとして考えられ，あいさつができるか否かは，発達障害児の将来の社会生活の成否に重要な関係をもっている［山口・上出，1988］といわれている。しかし，Hobson and Lee［1998］は，生活年齢と語彙年齢が同じ知的障害児者と比べて，自閉症児者は，初対面の人に対して，言語的であれ非言語的であれ，自発的に「こんにちは」と「さようなら」のあいさつをせず，またあいさつをされたときでさえ視線を合わせることが少ない傾向にあったことを報告している。

　角張［1985］は，自閉症児に対して，登下校の機会を利用して「おはよう」と「さようなら」の，個別指導の時間を用いて「ありがとう」の自発的な表出を目的とした指導を行った。その結果，「おはよう」と「ありがとう」は指導

場面で自発されるようになったが，他の場面での般化がみられなかったことを報告している。

　ところで，近年，自閉症児に対する言語指導においてルーティンを用いた指導法が注目され，またその有効性が実証されてきている［松田・植田，1999；宮﨑，1992；宮﨑・岡田・水村，1996；長崎・吉村・土屋，1991；長崎・片山・森本，1993；佐竹，1996；佐竹・小林，1994；関戸，1994，1996a，1998］。なお本研究では，順序性や因果性を含む定型化された行為の系列をルーティンと呼ぶ。この指導法は，子どもはさまざまな場面での限定された文脈を理解しながら，それに対応した大人の言語からその意味や伝達意図を理解し，言語を表出するようになるという仮説に基づいている［長崎，1994］。そしてこの考えを背景に，日常の生活日課や遊びのように子どもが喜んで参加し，自発的な伝達が頻繁に起きる活動を計画的に繰り返し設定するなかで，言語指導が行われる。

　一方，行動の連続的遂行を獲得させるための方法として行動連鎖法がある。この方法での行動獲得は，連鎖の中での先行刺激と後続刺激が次の行動の弁別刺激となるという構造をもつために学習が容易である。しかし，般化や応用性が困難である［渡部，1997］という課題が指摘されている。ルーティンを用いた指導法が行動連鎖法と異なる点は，文脈を理解するということが，ルーティンに含まれる言語・非言語を問わず，行為の系列をそのまま再現できるようになるという側面だけでなく，話者の発話の意味やその伝達意図を理解するという側面ももつことにあると考えられる［関戸，1998］。すなわち，ルーティンを用いた指導法においては，文脈が理解されることによって，転移や般化のような単なる行動連鎖以外の学習が発生しやすいと考えられる。

　そこで本研究では，「いってきます」「ただいま」「ありがとう」のあいさつ語の自発的表出に困難を示す自閉症児に対して，「買い物」ルーティンを用いて，あいさつ語の自発的表出を目的とした指導を行った。そして，その結果および日常場面での般化の状態から，指導方法の妥当性について検討した。また，言語指導においては，対象児が習得した言語行動をいかに維持していくとい

うことも重要な問題である。ルーティンを用いた言語指導の維持についてみると，習得された言語行動の日常場面での維持を扱った研究は少なく［佐竹，1996；佐竹・小林，1994；関戸，1996a］，なかでも維持に関して長期にわたって検討した研究はきわめて少ない［佐竹，1996；佐竹・小林，1994］。したがって本研究では，習得された言語行動が，指導終了5か月後も維持されているか否かについても併せて検討した。

2．方　法

1）対象児

　指導開始時13歳0か月の自閉症男児（以下，「T児」とする）である。自閉症の判定は，DSM-IVの診断基準によった。小学校特殊学級を経て，指導開始時中学校特殊学級1年に在籍していた。知能検査（全訂版田中ビネー知能検査，検査実施時13歳0か月）の結果は，MA3歳9か月，IQ 29。絵画語彙発達検査（検査実施時13歳0か月）の結果は，VA3歳0か月。乳幼児発達スケール（検査実施時13歳0か月）の結果は，運動5歳1か月，操作3歳3か月，理解言語3歳10か月，表出言語2歳5か月，概念3歳1か月，対子ども社会性1歳7か月，対成人社会性2歳3か月，しつけ6歳5か月，食事2歳3か月，総合発達年齢3歳3か月であった。

　日常場面では2語文程度の言語表出が可能であり，日常生活に関する言語指示もほぼ理解できた。ひらがなの読み書きも，長音・促音以外はほぼ可能であった。また，日常場面での買い物の経験は，母親が店頭にいれば，特定のコンビニ店で，T児の好物であるソフトクリームを買ってくることができたが，10円硬貨と100円硬貨の弁別が確実ではなかった。

　さらに，日常場面において，出かける際の「いってらっしゃい」，帰宅した際の「おかえり」，物をもらう際の「どうぞ」（以下，「『いってらっしゃい』等」とする）に対して，それぞれ「いってきます」「ただいま」「ありがとう」

(以下,「『いってきます』等」とする)と応じられることもあるが,「いってらっしゃい」等の声かけ(あいさつ)がないと,「いってきます」等が自発的に表出されないことが観察されていた。またT児には,「いってらっしゃい」等の声かけに対して「いってきます」等と応じる場合も含めて,自発的に人と別れるときに手を振ったり,物をもらったときに頭を下げたりする行動もみられなかった(ただし,人と別れるときに相手が手を振ればT児も手を振るという行動はときどき観察されていた)。しかし,食事の場面では,「いただきます」と「ごちそうさま」を自発的に表出することは可能であった。

2) 指導期間

1998年1月21日から4月22日まで,週に1度の割合で指導日が設定された。1セッション(以下,「1S」とする)の所要時間は,約15分であった。T児の意思を確認しながら,1日に2〜3Sを行い,計31Sを実施した。

3) 指導方法

指導方法については,長崎ら[1991],関戸[1994]を参考にした。

(1)「買い物」のルーティン

大学の研究室およびそれに隣接するプレイルームを指導場所とし,研究室を「家」,プレイルームを「店」とみなした。筆者と大学院生が指導者となり,筆者が家に,大学院生が店に配置され,2名の指導者の役割を替えなかった。

「買い物」のルーティンを表4-1に示した。このルーティンは,

　場面1:「買う物を決める」
　場面2:「店で買い物をする」
　場面3:「買ってきた物を食べる(飲む)」

という3つの場面から構成されていた。それぞれの場面は,さらにいくつかの行動から構成された。

店では,店の人(指導者)の前の机上にT児の好物である菓子や飲み物が1つずつ4品並べられていた。品物はセッションごとに換えていった。店の人

表4-1 「買い物」のルーティン

役　割：T児（買い物をする人），指導者①，指導者②（店の人）
道　具：菓子・飲み物（4），菓子・飲み物の写真（4），ポケットアルバム，鉛筆，メモ用紙，財布，100円玉，ポシェット，エプロン，ビニール袋，お金を入れる皿

場面1：買う物を決める
　　1）「これから買い物に行く」の問いに答える
　　2）写真を見ながら，店で売られている品物の確認をする
　○3）「何を買いに行く」の問いに答える
　　4）自分の買いたい物をメモ用紙に記入する
　　5）（100円玉の入った）財布をポシェットに入れる
　※6）「いってきます」と言って，部屋を出る
　　7）「いってらっしゃい」

場面2：店で買い物をする
　　1）「いらっしゃい」
　　2）店に入っていく
　○3）「何がほしいの」の問いに答える
　　4）「100円です」
　　5）お金を払う
　※6）「ありがとう」と言って，品物を受け取る
　　7）店を出る
　　8）「どういたしまして」

場面3：買ってきたものを食べる（飲む）
　※1）「ただいま」と言って，部屋に入って行く
　　2）「おかえりなさい」
　　3）「何を買ってきたの」の問いに答える
　　4）メモと買ってきた物とを照合する
　◎5）「いただきます」を言う
　　6）買ってきた物を食べる（飲む）
　◎7）「ごちそうさま」を言う
　　8）あとかたづけをする

※は標的行動．○は適切な応答的発話のバリエーションの，◎はプローブの対象とした行動．

には，T児が買いに行く物があらかじめ知らされていなかった。また，店で売られている品物は，写真に撮ってポケットアルバムに収められており，T児はその中から買いたい物を選択した。なお，ポケットアルバムの中の写真と店で売られている品物とは一致していた。

(2) 標的行動

次の3つの言語行動が自発的に表出されることを目的とした。

場面1：「いってきます」
場面2：「ありがとう」
場面3：「ただいま」

(3) 手続き

〔ⅰ〕ベースライン

標的行動とした3つの言語行言が自発的に表出されなかった場合には，指導者はT児に次の行動を促した。

〔ⅱ〕指導

「買い物」のルーティンに基づいて指導が展開された。

それぞれの言語行動が自発的に表出されなかった（無反応の）場合には，①時間遅延5秒（5秒間注目する），②言語的手がかり（「何て言うの」），③音声によるモデル部分提示（語頭音だけ提示。たとえば「いってきます」の場合は"い"），④音声によるモデル全提示のプロンプトが順次与えられた。なお，①は指導者によって，②〜④は指導者とは別のプロンプター（大学院生）によって提示された。また，誤反応の場合にも，②〜④のプロンプトが順次与えられた。

しかし，セッション15（以下，「S15」とする）までは正反応が1回もみられず，しかも場面3でプロンプターが「ただいま」とプロンプトを提示すると，T児が「おかえりなさい」と応じたことが観察された。そこで，S16からは，プロンプターによる②〜④のプロンプトの提示をやめ，代わりに指導者が，②言語的手がかり，③文字カードによるモデル部分提示（たとえば「いってきます」の場合は"い"と書かれたカードを提示），④単語カードによるモデル全

提示のプロンプトを順次与えるようにした。

(4) 文脈の理解

文脈の理解がなされたか否かを評価するために，ルーティンの各場面に指標を設定した。関戸［1998］は，ルーティンの再現の中で，対象児が自発的に示した適切な応答的発話のバリエーションを，文脈理解の指標として設定した。そこで，本研究でも，場面1の「何を買いに行く」，場面2の「何がほしいの」において，T児が自発的に表出する適切な応答的発話に，バリエーションがみられるか否かを評価の対象とした。また，日常場面での観察から，T児は食事の際に，「いただきます」と「ごちそうさま」を自発的に表出することが可能であった。そこで，場面3の「いただきます」と「ごちそうさま」については，プロンプトの提示等の直接的な指導を一切しないで常にプローブとしておき，他の行動の自発的生起に伴って，T児が「いただきます」と「ごちそうさま」を自発的に表出するようになるか否かを評価の対象とした。

(5) 日常場面での般化

日常場面での般化を測定するために，プレテストおよびポストテストを行った。

◇プレテスト：ベースラインを測定する直前に，T児の家庭において，登校時，帰宅時，および夕食の場面を利用して「いってきます」等が自発的に表出されるか否かを母親に観察してもらった。T児が無反応の場合には，母親は「いってらっしゃい」等の声かけをして，T児の反応を待った。なお，プレテストは，それぞれの標的行動について10回（10日間）測定した。

◇ポストテスト：指導終了直後に，ポストテストとして，母親がプレテストと同じ条件のもとで観察を行った。「いってきます」等が自発的に表出された場合には，母親は「いってらっしゃい」等と応じた。「いってきます」等が自発的に表出されなかった場合には，声かけをしたりプロンプトを与えたりはしなかった。なお，ポストテストは，「いってきます」「ただいま」については10回，「ありがとう」については観察機会の関係から8回測定した。

(6) 5か月後の維持

習得された言語行動が，指導終了5か月後も維持されているか否かを測定するために，母親がプレテストと同じ条件のもとで観察を行った。「いってきます」等が自発的に表出された場合には，母親は「いってらっしゃい」等と応じた。「いってきます」等が自発的に表出されなかった場合には声かけをしたり，プロンプトを与えたりはしなかった。なお，維持測定は，「いってきます」「ただいま」については10回実施したが，「ありがとう」については観察機会の関係から2回しか実施できなかった。

(7) 記録の方法と信頼性

T児の指導場面はセッションごとにビデオに録画され，指導終了後再生して評価を行った。このうちランダムに選択された50％のセッションが一致率測定の対象とされた。評定は，1名の指導者と指導に関係していない1名の大学生の計2名で行い，別々に評定した記録に関して一致セッション数が算出された。これを全評定セッション数で除し，100をかけたものを一致率とした。一致率は，全体で93.8％であった。

3．結　果

1）標的行動の習得

標的行動の習得の過程は図4-1に示すとおりである。ここではT児が3つの標的行動を自発的に表出したか否かを評価の対象とした。

習得の過程をみると，S15までは正反応が1回もみられなかった。しかも，場面3でプロンプターが「ただいま」とプロンプトを提示すると，T児が「おかえりなさい」と応じたことが5回観察された。そこで，S16からはプロンプトを，プロンプターによる聴覚的提示から指導者による視覚的提示に変更した。その結果，S17から「ありがとう」に正反応がみられるようになり，またS24以降は「いってきます」と「ただいま」でも正反応がみられるようになった。それぞれの言語行動は，1回正反応がみられると，その後はほぼ連続

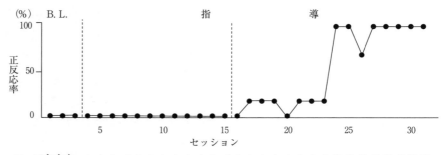

図4-1　標的行動の習得過程
●：自発的表出，◎：時間遅延5秒，○：言語的手がかり，★：モデル部分提示，
☆：モデル全提示，／：その他
プロンプトを与えたにもかかわらず誤答や無答だった場合には，「その他」とした。
セッション16からは，プロンプトを聴覚的提示から視覚的提示に変更した。

して自発的に表出された。

　さらに，「いってきます」と「ありがとう」において，これらの言語行動と同じ機能をもつ身振りが自発的に表出された。すなわち，「いってきます」では，買い物に行くときに，T児がドアを開けながら指導者の方を振り向いて手を振る（バイバイをする）という行動であった。「ありがとう」では，店で品物を受け取るときに，T児が頭を下げる（会釈をする）という行動であった。それぞれの身ぶりの表出回数と時期をみると，「いってきます」の身ぶりは7回表出され，「いってきます」が自発的に表出される前に2回，「いってきます」が自発的に表出された直後に5回みられた。一方，「ありがとう」の身ぶりは4回表出され，「ありがとう」が自発的に表出される前に1回，「ありがとう」が自発的に表出された直後に3回みられた。

2）文脈の理解

　適切な応答的発話のバリエーションおよびプローブの結果は，表4-2に示

表4-2　適切な応答的発話のバリエーションおよびプローブの結果

セッション	B.L.	指導					
	1	5	10	15	20	25	30
何を買いに行く	○○○	○○○○○ ○○○○○ ○○○○○ ○○○○○ ○○○○○ ◎◎◎◎◎
何がほしいの	○○○	○○○○○ ○○○○○ ○○○○○ ○○○○○ ○○○○○ ○○○○○
いただきます		●● ● ●● ●
ごちそうさま		● ●●●● ● ●●●●●● ●●●● ●●●

○と◎はともに適切な応答的発話が表出されたことを示すが，○はT児が"ポテト"と応答したことを，◎はT児が"どら焼き"等ポテト以外の応答をしたことを意味する。●は「いただきます」「ごちそうさま」が自発的に表出されたことを示す。

すとおりである。なお，適切な応答的発話のバリエーションに関しては，自発的な応答的発話の表出という観点から，T児が買いに行った物と実際に買った物とが異なってもよいことにした。

　場面1の「何を買いに行く」では，ベースライン期を含めすべてのセッションにおいて，適切な応答的発話が自発的に表出された。その内容と表出回数は，ポテト（25回。以下，「25」と表記する），ドーナツ（2），どら焼き（2），ヨーグルト（1），パン（1）であった。また，ポテトを選択する際に，「ポテト」と1語文での発話が15回，「ポテト，買いに，行く」と3語文での発話が10回みられた。場面2の「何がほしいの」でも，ベースライン期を含めすべてのセッションにおいて，適切な応答的発話が自発的に表出された。その内容と表出回数は，ポテト（24），どら焼き（3），ヨーグルト（3），ドーナツ（1）であった。また，ポテトを注文する際に，「ポテト」と1語文での発話が14回，「ポテト，ほしい」と2語文での発話が4回，「ポテト，1つ，ください」という3語文での発話が6回みられた。

　場面3のプローブでは，「いただきます」は，S6で初めて自発的に表出され，自発的な表出回数は8回であった。「ごちそうさま」は，S7で初めて自発的

に表出され，自発的な表出回数は 19 回であった。

3) 日常場面での般化

プレテストとポストテストの結果を図4-2に示した。

プレテストでは，「いってきます」等について 10 回測定したが，1 回も自発的に表出されず，すべて無反応であった。そこで，母親が「いってらっしゃい」等の声かけをしたところ，「いってきます」が 2 回，「ただいま」が 10 回，「ありがとう」が 7 回表出された。

ポストテストでは，「いってきます」と［ただいま］については 10 回測定した。「いってきます」では，自発的な表出が 7 回，無反応が 3 回観察された。「ただいま」では，自発的な表出が 4 回，無反応が 6 回観察された。また，学校からの帰宅時ばかりでなく，公園から帰宅した際にも，「ただいま」が自発

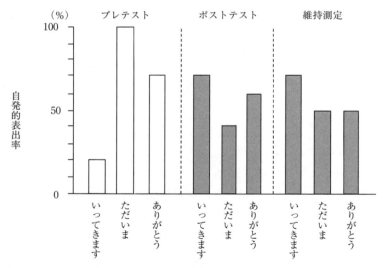

図4-2　プレテスト，ポストテスト，および維持測定における標的行動の自発的表出率

網塗りは標的行動の自発的表出率を示す。白塗りはT児が無反応だったため，「いってらっしゃい」等の声かけをした後の標的行動の表出率を示す。ポストテストおよび維持測定の「ありがとう」の測定回数は，それぞれ 8 回と 2 回である。他はすべて 10 回である。

的に表出されたことが2回みられた。「ありがとう」では8回測定したところ，自発的に5回表出され，無反応が3回観察された。

4）5か月後の維持

指導終了5か月後の維持測定の結果を図4-2に示した。
「いってきます」と「ただいま」については10回測定した。「いってきます」では，自発的な表出が7回，無反応が3回観察された。「ただいま」では，自発的な表出が5回，無反応が2回，誤反応が3回観察された。また，公園から帰宅した際にも「ただいま」が自発的に表出されたことが1回観察された。「ありがとう」については観察機会の関係から2回しか測定できなかった。しかし，父親とジャンケンをして勝ち，T児の好きな味付けのりを手に入れたときに「ありがとう」が自発的に表出されたことが1回観察された。他の1回は無反応であった。

4．考　察

1）文脈の理解

「何を買いに行く」「何がほしいの」については，ともにベースライン期を含め，すべてのセッションにおいて適切な応答的発話が自発的に表出された。また，その発話内容の約80％がポテトであったが，残りの約20％はどら焼き・ヨーグルト等であり，発話内容もポテトに限定されたものではなかった。さらに，発話の長さにおいても，1語文ばかりでなく，「何を買いに行く」では3語文での発話が，「何がほしいの」でも2語文と3語文での発話が自発的に表出された。これらのことから，T児が自発的に表出した適切な応答的発話にバリエーションがみられたといえる。

一方，「いただきます」は，S6で初めて自発的に表出され，自発的な表出回数は8回であった。「いただきます」の表出がS22以降減少した要因として，

T児が店を出た後，買った物を食べながら家（部屋）に戻ってくるようになったことがあげられる。「ごちそうさま」は，S7で初めて自発的に表出され，その後はほぼ連続してみられた。これらのことから，T児が「いただきます」と「ごちそうさま」を自発的に表出することができたといえる。

以上のことから，T児は，指導の前半ですでに，各場面の文脈をおおよそ理解していたと考えられる。

2）標的行動の習得

「いってきます」「ありがとう」「ただいま」が自発的に表出されるようになったことから，標的行動が習得されたといえる。

しかし，S15までは正反応が1回もみられなかった。しかも，場面3でプロンプターが「ただいま」とプロンプトを提示すると，T児が「おかえりなさい」と応じたことが観察された。そこで，プロンプトを，プロンプターによる聴覚的提示から文字（単語）カードによる視覚的提示に変更したところ，S17から「ありがとう」に，S24から「いってきます」と「ただいま」に正反応がみられるようになった。井上・小川・藤田［1999］は，自閉症児の言語指導において視覚的プロンプトの提示が有効である，と報告しているが，本研究の結果はこの報告を支持するものである。

一方，「いってきます」と「ありがとう」において，それぞれの言語行動と同じ機能をもつ身ぶりが自発的に表出された。また，それらの表出回数と時期をみると，「いってきます」と「ありがとう」が自発的に表出される前よりも，「いってきます」と「ありがとう」が自発的に表出された直後に多くみられた。無藤［1994］は，文脈の骨組みが理解されると，子どもは文脈にとって非逸脱的でアドリブ的な行動を示す，と述べている。本研究において，「いってきます」および「ありがとう」と同じ機能をもつ身ぶりが自発的に表出されたことは，T児が場面1と場面2の文脈をある程度まで理解したことの証左となりうるであろう。また，身ぶりの表出が，「いってきます」と「ありがとう」が自発的に表出されるようになった直後に多くみられたことから，文脈の理解と言

語の表出との間に相互に関連する傾向があると考えられる。

3）日常場面での般化

　プレテストでは，「いってきます」等が10回測定されたが，1回も自発的に表出されなかった。しかし，ポストテストでは，「いってきます」が10回中7回，「ただいま」が10回中4回，「ありがとう」が8回中5回自発的に表出された。また，「ただいま」では，学校からの帰宅時ばかりでなく，公園から帰宅した際にも自発的に表出されたことが2回観察された。これらのことから，習得された標的行動が，ある程度まで日常場面で般化したといえる。すなわち，T児は，"出かける""帰宅する""物をもらう"という3つの場面の文脈を理解し，それらと対応したあいさつ語を自発的に表出できるようになったと考えられる。

4）5か月後の維持

　ここでは，ポストテストの結果と維持測定の結果とを比較する。「いってきます」と「ただいま」については，前者では7回と4回，後者では7回と5回，それぞれ自発的な表出がみられた。また，「ありがとう」については，測定回数が異なるため自発的表出率でみると，63％と50％であった。さらに，後者でも，公園から帰宅した際に「ただいま」が自発的に表出されたことが，また父親に対しても「ありがとう」が自発的に表出されたことが観察された。これらのことから，習得された言語行動が指導終了5か月後も維持されていたといえる。なお，この要因として，これらの言語行動が日常場面において使用頻度が高く，しかも聞き手からの強化を受けやすい言語行動であったことが考えられる［山本, 1997］。

5）まとめ

　本研究においては，あいさつ語の自発的表出に困難を示す，CA13歳0か月，MA3歳9か月の自閉症男児に対して，「買い物」ルーティンを用いて，あい

さつ語の自発的表出を目的とした指導を，約3か月間行った。その結果，標的行動とした3つのあいさつ語の習得が可能となり，またある程度の日常場面での般化および5か月後の維持が確認された。これらのことから，対象児は3つの場面の文脈を理解し，それらと対応したあいさつ語を自発的に表出できるようになったと考えられる。

　以上のことから，本研究で用いられた指導方法は妥当であったといえよう。また，今後の課題としては，「文脈の理解」と「言語の理解と表出」との間の相互の関連性について，詳細に検討していく必要がある。

＊

〔本研究は，関戸英紀［2001］特殊教育学研究，38（5）において発表された〕

研究 5　自閉症児に対する「ありがとう」の自発的表出を促すルーティンを用いた言語指導
―異なる場面での般化の検討を中心に―

1．はじめに

　要求物品等を受け取る場面において，自閉症児が「ありがとう」と自発的に表出できることは，相手に対して親密な印象を与えるばかりでなく，社会的な称賛を受ける機会を増やすことにもつながる［大野・進藤・柘植・溝上・山田・吉元・三浦，1987］。しかしながら，要求言語行動を表出することができても，要求物品を受け取る際に，要求充足者に対して無言で対応する自閉症児が多くみられる。したがって，要求言語行動を習得した自閉症児にとって，要求充足者に対して「ありがとう」と自発的に表出できることは，日常生活において対人相互交渉を促進させるうえでも重要なスキルであるといえよう。
　これまでも，自閉症児に対して「ありがとう」の自発的表出を標的行動とした言語指導がなされてきている［角張，1985；Matson, Sevin, Fridley, & Love, 1990；大野ら，1987；大野・柘植・進藤・溝上・山田・吉元・三浦，1987；大野・吉元・進藤・柘植・溝上・山田・三浦，1987；関戸，2001］。角張［1985］は，自閉症児に対して，登下校の機会を利用して「おはよう」と「さようなら」の，また個別指導の時間を用いて「ありがとう」の自発的な表出を目的とした指導を行った。その結果，「おはよう」と「ありがとう」は指導場面で自発されるようになったが，他の場面では般化がみられなかったことを報告している。Matson et al.［1990］は，3名の自閉症児に対して，時間遅延法を用い

て，「～ください（～，please）」「ありがとう」「どういたしまして」の表出を標的行動とした指導を約50セッション行った結果，「どういたしまして」を除いては対象児全員が習得でき，また般化や1～6か月後の維持も確認されたことを報告している。関戸［2001］は，CA 13歳0か月，MA 3歳9か月の自閉症男児に対して，「いってきます」「ただいま」「ありがとう」の自発的表出を目的とした指導を約3か月間行ったところ，すべての標的行動の自発的表出が可能となり，またある程度の日常場面での般化および指導終了5か月後の維持が確認されたことを報告している。

　これらの先行研究の結果から，自閉症児の多くに，「ありがとう」の自発的表出を習得させることが可能であるといえよう。しかしながら，先行研究には，般化に関して次のような課題が残されている。すなわち，先行研究においては，指導方法に違いはあるものの，すべて指導者から要求物品をもらう場面（「物品要求」場面と表記する。以下，同様）において指導が行われてきており，また般化の測定も同様の場面でなされてきている。しかし，日常生活においては，物品要求場面ばかりでなく，必要な物を借りる場面（「借用」場面）や借りた物を返す場面（「返却」場面）等においても，「ありがとう」と応じることが求められる。また，わからないことを教えてもらう場面（「教示要求」場面）や，できないことをやってもらう場面（「援助要求」場面）のように必ずしも物品の受け渡しを伴わない場面でも，「ありがとう」と応じることが期待される。しかし，物品要求場面において獲得された「ありがとう」が，借用・返却・教示要求・援助要求等の他の場面においても自発的に表出されるかどうかについては明らかにされていない。すなわち，物品要求場面において習得された「ありがとう」の表出の般化が，物品要求以外の場面においてもみられるか否かについて検討がなされる必要がある。

　一方，1990年代の半ば以降，自閉症児に対する言語指導において，ルーティンを用いた指導法が注目され，またその有効性が実証されてきている［松田・植田，1999；松田・伊藤，2001；佐竹，1996；佐竹・小林，1994；関戸，1994，1998，2001］。なお，本研究では，順序性や因果性を含む定型化された行為の

系列をルーティンとよぶ。この指導法は，子どもはさまざまな場面での限定された文脈を理解し，これを基盤としながら文脈を構成する個々の要素と言語との対応関係を習得していくという仮説に基づいている［長崎，1994］。

そこで本研究では，「ありがとう」の自発的表出がみられない自閉症児に対して，「ありがとう」の表出が求められる物品要求・教示要求・返却場面からなる「学習・おやつ」ルーティンを用いて，「ありがとう」の自発的表出を目指した指導を行った。そして，その結果から，物品要求場面において習得された「ありがとう」の表出の般化が，物品要求以外の場面においてもみられるか否かについて検討することを目的とした。

2．方　法

1）対象児

指導開始時 CA 9 歳 2 か月の自閉症女児（以下，「M 児」とする）である。小児自閉症評定尺度（尺度実施時 8 歳 11 か月）の合計得点は 33 点で，軽・中度の自閉症と評定された。3～6歳まで発達障害児のための通園施設に通い，指導開始時知的障害養護学校小学部 3 年に在籍していた。知能検査（全訂版田中ビネー知能検査，検査実施時 8 歳 10 か月）の結果は，MA 3 歳 6 か月，IQ 40。絵画語彙発達検査（検査実施時 8 歳 10 か月）の結果は，VA 4 歳 0 か月。乳幼児発達スケール（スケール実施時 8 歳 10 か月）の結果は，運動 3 歳 9 か月，操作 3 歳 7 か月，理解言語 4 歳 5 か月，表出言語 2 歳 5 か月，概念 3 歳 6 か月，対子ども社会性 2 歳 3 か月，対成人社会性 3 歳 7 か月，しつけ 6 歳 2 か月，食事 2 歳 6 か月，総合発達年齢 3 歳 9 か月であった。

日常場面では 2 語文程度の言語表出は可能であったが，助詞を用いることが困難であった。即時性エコラリアがみられることもあった。また，日常生活における言語指示は，ほぼ理解可能であった。ひらがなの読みは，濁音の一部・長音・促音を除いて可能であった。カタカナの読みは清音の半数程度が可能で

あり，保護者からはカタカナの読みの指導をしてほしいという要望が出されていた。さらに，書字指導に向けて，目と手の協応性を高めてほしいという要望も出されていた。なお，これまでの指導の結果，物品の要求（「～ちょうだい」），御用学習での依頼物品の要求（「～ちょうだい」），借用の要求（「～借して」），教示の要求（「教えてください」）の４つの要求言語行動を，日常場面において自発的に表出することが可能であった。しかし，要求が充足されても，要求充足者に対して「ありがとう」と自発的に表出することは観察されていなかった。

2）指導期間

2001年9月から2002年1月まで，週に1～2度の割合で指導日が設定された。1セッション（以下，「1S」とする）の所要時間は，約50分であった。1日に1Sを行い，計30Sを実施した。

3）指導方法
(1)「学習・おやつ」のルーティン

指導は，2人の指導者によって行われた。指導者①はプレイルームに，指導者②は，廊下を隔てて斜め向かいにある研究室に配置された。「学習・おやつ」のルーティンを表5-1に示した。このルーティンは，M児の興味・関心や保護者の要望を踏まえ，場面1：「文字学習」，場面2：「ぬり絵学習」，場面3：「おやつの準備」，場面4：「おやつ」，場面5：「自由遊び」，場面6：「後かたづけ」という6つの場面で構成された。なお，「文字学習」ではM児が読めないことが事前に確認されている，カタカナで書かれた単語カード（以下，「未知カード」とする）を読む機会が，「ぬり絵学習」ではぬり絵カードに色鉛筆で色を塗る機会が，「おやつの準備」では依頼物品を要求する機会が，そして「おやつ」ではおかわりを要求する機会が，1Sにつきそれぞれ5回設定された。「おやつの準備」は研究室で行われ，指導者②の前の机上に，菓子3品・飲み物2品の計5品が並べられた。品物はセッションごとに換えていった。「おや

表5-1 「学習・おやつ」のルーティン

場面1：文字学習
　果物・野菜の名称が書かれた既知カード・未知カードはランダムに提示され，計10試行行われる

1）既知カードの場合
　（1）指導者①の提示した単語カードを読む
　（2）絵カードで正答の確認をする

以上のやり取りを，5試行行う

2）未知カードの場合
○（1）提示された単語カードに対して教示の要求（「教えてください」）をする
※（2）指導者①から教示を受け，「ありがとう」と言う
　（3）絵カードで正答の確認をする

以上のやり取りを，5試行行う

場面2：ぬり絵学習
○1）提示された果物・野菜のぬり絵カード（5枚）に対して「（りんご）は何色？」に答える

○2）塗りたいぬり絵カードを選択する
○3）色鉛筆の借用の要求（「（赤）貸して」）をする
◎4）色鉛筆を受け取り，「ありがとう」と言う

5）ぬり絵に色鉛筆で色を塗る
○6）色鉛筆を返す
※7）返す際，「ありがとう」と言う

2）から7）のやり取りを5試行行う

場面3：おやつの準備
　1）指導者①から「～もらってきて」の依頼を受ける
○2）別室（研究室）に行き，充足者（指導者②）に対して依頼物品（菓子・飲み物）の要求（「～ちょうだい」）をする
※3）物品を受け取り，「ありがとう」と言う
　4）プレイルームに戻り，物品を指導者①に渡す

以上のやり取りを，5 試行行う
　　　5）コップと皿を並べる
　○6）好きな飲み物を選ぶ
　○7）好きな菓子を選ぶ

　場面4：おやつ
　　1）「いただきます」と言い，菓子（飲み物）を食べる（飲む）
　○2）おかわりの要求（「〜ちょうだい」）をする
　※3）菓子（飲み物）を受け取り，「ありがとう」と言う

　　　2），3）のやり取りを，5 試行行う
　　　4）「ごちそうさま」と言う

　場面5：自由遊び
　　1）遊具を出す
　　2）自由に遊ぶ

　場面6：後かたづけ
　　1）遊具をかたづける
　◎2）指導者①から飴をもらい，「ありがとう」と言う

※は標的行動。◎はプローブの，○は文脈の理解の対象とした行動。

つの準備」以外の場面はプレイルームで行われた。

(2) 標的行動

次の4つの場面において，「ありがとう」が自発的に表出されることを目的とした。

① 「文字学習」：未知カードの読み方を教えてもらったとき（教示要求場面）
② 「ぬり絵学習」：借りた色鉛筆を返すとき（返却場面）
③ 「おやつの準備」：指導者から依頼された菓子（飲み物）をもらいに行き，それを受け取るとき（物品要求場面）
④ 「おやつ」：菓子（飲み物）のおかわりをもらうとき（物品要求場面）

(3) 研究デザイン

研究デザインとして場面間マルチ・ベースライン・デザインを採用した。

(4) 手続き

〔ⅰ〕ベースライン

4つの場面において,「ありがとう」が自発的に表出されるか否かを観察した。正反応の基準は,「おやつ」「おやつの準備」においては, M児が菓子（飲み物）を手にした後2秒以内に自発的に表出された場合を正反応とし,「ぬり絵学習」においては, 指導者は色鉛筆をすぐに受け取らずに2秒間待ち, その間にM児に自発的な表出がみられた場合を正反応とした。また,「文字学習」においては, M児がカタカナで書かれた単語にひらがなでルビがふられた教示カードを受け取った後, 2秒以内に自発的な表出がみられた場合を正反応とした。なお, 自発的な表出がみられなかった場合には, 指導者はM児に次の行動を促した。

〔ⅱ〕指導

「学習・おやつ」のルーティンに基づいて指導が展開された。ただし, 標的行動の指導の順序は, 物品要求場面から開始するために,「おやつ」（場面4）,「おやつの準備」（場面3）,「ぬり絵学習」（場面2）,「文字学習」（場面1）の順で行った。それぞれの場面において「ありがとう」が自発的に表出されなかった場合には, ①言語的手がかり（「何て言うの」）, ②モデル部分提示（「ありがとう」の語頭音の"あ"だけ提示）, ③モデル全提示の順にプロンプトが提示された。強化子として, 社会的称賛（「よく言えたね」）が用いられた。なお, 標的行動習得の基準を, 80％以上の正反応率が3セッション連続でみられた場合とした。

ところで,「文字学習」において, M児から教示要求が自発的に表出された場合に, 指導者は教示カードをM児に渡していた。しかし, 日常的な文脈から考えると, 教示要求に対して教示カードを手渡すことは不自然であり, また手渡された教示カードを弁別刺激として「ありがとう」が表出される可能性も考えられた。そこで, セッション25（以下,「S25」と表記する）以降は手続きを変更し, 教示要求に対して, 指導者は教示カードを指差しながら音声による教示を行い, その後2秒以内に「ありがとう」が自発的に表出された場合を

正反応とした。ところが，手続きを変更した結果，S 25・26 では正反応がまったくみられなくなってしまった。また，教材に対する M 児の注視時間も短くなってきた。そこで，S 27 以降，教材を変更した。すなわち，果物・野菜の名称が書かれた単語カードから身体の部位（鼻・耳・足など）が書かれた単語カードに変更した。

〔iii〕フォローアッププローブ

習得されたとみなされた標的行動については，その後のセッションをフォローアッププローブとし，原則としてベースライン期と同様の手続きで遂行した。ただし，「おやつ」においては，指導期では，M 児が菓子（飲み物）を手にしてから口に入れるまでの間に指導機会を確保する必要があったため，指導者が自分の胸元に菓子（飲み物）を提示し，それを対面に座っている M 児に取らせるようにしていた。しかし，標的行動習得後は，より自然なかたちでやり取りを行うために，指導者が M 児に菓子（飲み物）を差し出すように手続きを変更した。その結果，正反応率が徐々に低下していったため，S 17 からは手続きを元に戻した。また，「ぬり絵学習」でも，S 26 で使用してきた教材への取り組みに乱れが生じるようになってきた。そこで，S 27 以降教材を変更した。すなわち，りんご・みかん・イチゴ・バナナ・玉ねぎ・にんじん・きゅうり・ぶどうの 8 枚の絵からトマト・なす・ごぼう・栗・ピーマン・さつま芋・桃の 7 枚の絵に変更し，その中からセッションごとに指導者が 5 枚を選択して M 児に提示するようにした。

〔iv〕プローブ

「ぬり絵学習」で指導者から色鉛筆を借りたとき（借用場面。表 5-1 参照），「後かたづけ」で指導者から褒美としてあめをもらったとき（被供与場面）については，プロンプトの提示等の直接的な指導を一切しないで常にプローブとしておき，標的行動の習得に伴って「ありがとう」が自発的に表出されるか否かを観察した。

〔v〕文脈の理解

「文字学習」「ぬり絵学習」「おやつの準備」「おやつ」の 4 つの場面の文脈が

理解されたか否かを評価するために，それぞれの場面に指標となる行動を設定した（表5-1参照）。そして，プロンプトの提示等の直接的な指導を一切行わないで，セッションごとにその自発的遂行率を測定した。

(5) 般化
「自由遊び」および家庭・学校において，「ありがとう」が自発的に表出されるか否かを観察した。家庭・学校においては，保護者と担任教師に観察を依頼した。

(6) 行動の定義
前出の各行動を次のように定義した。
① (「ありがとう」の) 自発的表出：「ありがとう」がプロンプトの提示等なしに表出されること
② 正反応：「文字学習」「ぬり絵学習」「おやつの準備」「おやつ」の各場面において，正反応の基準（「ベースライン」「指導」参照）に合致した行動が，プロンプトの提示等なしに表出されること
③ 自発的遂行：上記の4つの場面において，「文脈の理解の対象とした行動」（表4-1参照）が，プロンプトの提示等なしに遂行されること

4) 記録の方法と信頼性
M児の指導場面はセッションごとにビデオに録画され，指導終了後再生して評価を行った。このうち，ランダムに選択された33％のセッションが一致率測定の対象とされた。評定は，1名の指導者と指導に関係していない1名の大学院生の計2名で行い，別々に評定した記録に基づいて一致試行数が算出された。これを全評定試行数で除し，100をかけたものを一致率とした。一致率は，98.5％であった。

3. 結　果

1) 標的行動の習得

標的行動の習得過程を図5-1に示した。ここでは，M児が4つの場面において，「ありがとう」を自発的に表出したか否かを評価の対象とした。

S3までは，4つの場面すべてにおいて正反応がみられなかった。「おやつ」の指導期に入ると，3Sめで正反応率が100％に達し，以後正反応が安定してみられるようになった。しかし，他の3つの場面では，依然として正反応がみられなかった。同様に，「おやつの準備」において「ありがとう」の自発的表出が習得されても，「ぬり絵学習」や「文字学習」では正反応がみられなかった。さらに，「ぬり絵学習」において「ありがとう」の自発的表出が習得されても，「文字学習」では正反応がみられなかった。しかしながら，「おやつ」において標的行動が習得された後は，他の3つの場面でも指導期に入ると，最初の1～2試行めはプロンプトを必要としたが，その後は正反応がみられるようになり，1Sめから高い正反応率が得られた。

「文字学習」では，指導期の4Sめで正反応率が100％に達したが，7Sめで「教示カードを手渡す」から「教示カードを指差しながら音声による教示を行う」に手続きを変更した。その結果，7・8Sめでは正反応がみられなくなってしまったが，その後は教材を新しいものに変更したこともあり，セッションを重ねるごとに正反応率が上昇していった。

2) フォローアッププローブ

習得された標的行動のフォローアッププローブ期の，正反応率の推移を図5-1に示した。ここでは，「おやつ」「おやつの準備」「ぬり絵学習」において，M児が「ありがとう」を自発的に表出したか否かを評価の対象とした。

「おやつ」においては，フォローアッププローブ期に入ると，正反応率が徐々に低下していった。そこで，S17からは，「M児に菓子等を差し出す」か

第 2 章 自閉症児に対する日常の文脈を用いた言語指導とその般化促進 97

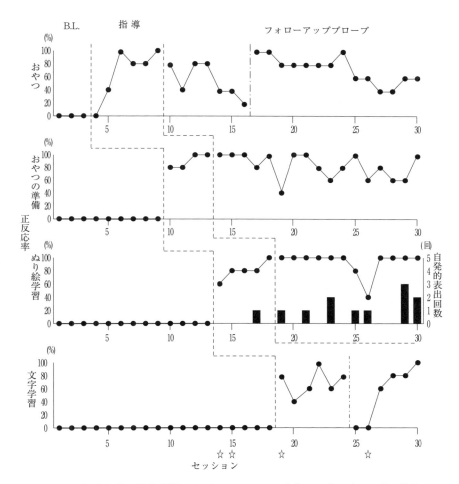

図5-1 標的行動の習得過程およびフォローアッププローブ・プローブの結果

- 波線（‒・‒）は手続きを変更したことを示す。すなわち，「おやつ」では「指導者がＭ児に菓子（飲み物）を差し出す」から「指導者が菓子（飲み物）を提示し，それをＭ児に取らせる」に変更した。「文字学習」では「教示カードを手渡す」から「教示カードを指差しながら音声による教示を行う」に変更した。また，単語カードそのものも変更した。
- 正反応率は，4つの場面において「ありがとう」が自発的に表出された割合を表す。
- 自発的表出回数は「ぬり絵学習」の借用場面で「ありがとう」が自発的に表出された回数を，☆は「後かたづけ」で褒美のあめをもらったときに「ありがとう」が自発的に表出されたことを表す。

ら「指導者が自分の胸元に菓子等を提示し，それをM児に取らせる」に手続きを変更した。その結果，正反応率が100％に上昇したが，S25以降再び正反応率が低下していった。「おやつの準備」においては，フォローアッププローブ期に入った直後は高い正反応率を維持していた。しかし，S19以降は，40〜100％の間を推移し，安定しなかった。「ぬり絵学習」においては，フォローアッププローブ期に入っても，100％の正反応率を6S連続で維持していた。しかし，S26において，M児に塗り終わった色鉛筆を指導者に返さないで床にほうるという行動がみられた。そこで，S27からぬり絵の教材を新しいものに変更し，さらに色鉛筆もクレヨンに替えたところ，再び100％の正反応率が連続してみられるようになった。

3) プローブ

プローブの結果を図5-1に示した。「ぬり絵学習」で，指導者から色鉛筆を借りたときの「ありがとう」の自発的表出は，S17以降散発的にみられるようになり，計12回表出された。また「後かたづけ」で，指導者から褒美としてあめをもらったときの「ありがとう」の自発的表出は，S14以降計4回みられた。

4) 文脈の理解

文脈の理解の指標となる行動の自発的遂行率をみると，ベースライン期では，「ぬり絵学習」の"色鉛筆の借用の要求をする"を，S1で4回，S2で3回，自発的に遂行できなかった。しかし，4つの場面全体では，S1で72％，S2で82％，S3で100％の自発的遂行率が得られた。また，S4以降（指導期・フォローアッププローブ期）では，「おやつの準備」の"別室に行き，充足者に対して依頼物品の要求をする"を，3Sで自発的に遂行できなかったが，4つの場面全体では，ほぼ100％の自発的遂行率を維持していた。

5）般　化

「自由遊び」では，計7回「ありがとう」が自発的に表出された。それらが表出された場面は，被供与が4回（S5・7・27・29），借用が2回（S6・8），援助要求（もらったみやげのビニール袋をあけてもらう）が1回（S27）であった。

一方，指導終了時に，家庭からは，M児が菓子のおかわりを要求し，母親が「どうぞ」といって差し出すときに，「ありがとう」の自発的表出がほぼ毎回みられるようになったが，おかわりの回数が多くなると無言で食べてしまう，という報告を受けた。また，学校からも，給食のおかわりをもらうときに毎回「ありがとう」が自発的に表出されている，という報告を受けた。しかしながら，家庭・学校において，M児の教示要求に対して母親や教師が応答しても，「ありがとう」の自発的表出はみられなかった，という報告も受けた。

4．考　察

S3以降は，文脈の理解の指標となる行動の自発的遂行率が，「文字学習」「ぬり絵学習」「おやつの準備」「おやつ」の4つの場面全体で，ほぼ100％で維持されていた。したがって，S3以降は，4つの場面の文脈の理解がなされていたと考えられる。また，S1・2においても，70％以上の自発的遂行率が得られた。これは，M児が過去に類似した文脈を用いた言語指導を経験したことがあったため，文脈の理解が容易であったからであろうと推察される。一方，4つの場面において，標的行動が100％の正反応率に達するまでに3〜5Sしか要しなかったのも（標的行動が同一であったということもあるが），S3の時点で文脈の理解がなされていたからであるとも考えられる。

標的行動については，4つの場面において80％以上の正反応率が3S連続でみられたことから，「ありがとう」の表出は習得されたといえる。すなわち，M児は，物品要求・返却・教示要求場面において，文脈を構成する個々の要

素（例えば，要求物品を受け取る）と言語（「ありがとう」）との対応関係の習得が可能になったと考えられる。しかしながら，物品要求場面において習得された「ありがとう」の表出の般化が，返却・教示要求ばかりでなく，他の物品要求場面においてもみられなかった。これらのことから，「ありがとう」の表出が求められるさまざまな場面において，「ありがとう」が自発的に表出されるようになるためには，それぞれの場面において「ありがとう」の自発的表出を目指した指導を行っていく必要があるといえよう。

ところで，プローブとした「後かたづけ」では，指導者から褒美としてあめをもらったとき（被供与場面）に4回，「ぬり絵学習」でも指導者から色鉛筆を借りたとき（借用場面）に12回，「ありがとう」の自発的表出がみられた。また，「自由遊び」では，「ありがとう」が被供与場面で4回，借用場面で2回，援助要求場面で1回，計7回自発的に表出され，さらには家庭や学校でもおかわりをもらった際（物品要求場面）に「ありがとう」の自発的な表出がほぼ毎回みられた。このように物品要求等の場面において習得された「ありがとう」の表出の般化が，物品要求ばかりでなく，借用等の場面においてもみられたことから，本研究で用いられた指導法では般化がみられないとはいい切れないであろう。一方，家庭・学校の教示要求場面において般化がみられず，物品要求・被供与・借用・援助要求場面において般化がみられた要因として，後者の4場面は物品の受け渡しを伴う場面であった。したがって，「ありがとう」の表出の般化は，物品の受け渡しを伴う場面においてみられやすいことが示唆される。

それでは，なぜ，標的行動の場面間での般化がみられなかったのであろうか。本研究では，標的行動の指導は，物品要求場面から開始するために，「おやつ」（場面4），「おやつの準備」（場面3），「ぬり絵学習」（場面2），「文字学習」（場面1）の順で行った。ところが，「おやつ」（場面4）で正反応がみられるようになると，「自由遊び」（場面5）においても「ありがとう」の自発的表出がみられるようになった。また，「おやつの準備」（場面3）で標的行動が習得された直後から，「後かたづけ」（場面6）においても「ありがとう」の自発的

表出がみられるようになった。さらに,「ぬり絵学習」(場面2)においても,返却場面で標的行動の習得がなされると同時に,借用場面でも「ありがとう」の自発的表出がみられるようになった。これらのことから,「おやつ」「おやつの準備」「ぬり絵学習」において習得された標的行動の般化が,それぞれの指導場面以降においてみられたといえよう。したがって,ルーティンの前半に物品要求場面を,後半に返却・教示要求場面を設定し,物品要求場面から指導を開始することによって,標的行動の場面間での般化が促進される可能性が考えられる。

　フォローアッププローブ期に入ると,「おやつ」においては正反応率が徐々に低下していったため,S17からは手続きを変更した。その結果,正反応率が上昇したが,S25以降再び正反応率が低下していった。「おやつの準備」においても,フォローアッププローブ期に入った直後は高い正反応率を維持していたが,S19以降は40〜100％の間を推移し,安定しなかった。これらのことから,いったん習得された言語行動であっても,それに強化子が随伴されなければ維持されることが困難であるといえよう。一方,山本［1997］は,行動レパートリーを確立させる場合,指導の初期段階においては適切な行動すべてに対して強化子を随伴させなければならないが,日常環境では各行動に常に強化子が随伴されるとは限らないため,連続強化スケジュールによって行動を定着させた後は,強化率を段階的に低下させていく間欠強化スケジュールを導入することが有効である,と述べている。したがって,本研究においても,標的行動が習得された後のフォローアッププローブ期において,間欠強化スケジュールを導入することによって,「おやつ」および「おやつの準備」の正反応率が高水準で維持される可能性が考えられる。

*

〔本研究は,関戸英紀・川上賢祐［2006］特殊教育学研究,44(1)において発表された〕

研究 6　自閉症児に対する並行指導法を用いた「ありがとう」の始発の形成とその般化促進
　　　　　　—日常生活での場面の般化を中心に—

1．はじめに

　他者との社会的相互交渉や社会的関係性における遅れや障害が自閉症児者の特性として指摘され［McConnell, 2002］，従来からお礼や挨拶［Matson, Sevin, Box, Francis, & Sevin, 1993 ; Matson, Sevin, Fridley, & Love, 1990］，他者への呼びかけ［Shabani, Katz, Wilder, Beauchamp, Taylor, & Fischer, 2002］，援助要求［Taylor, Hughes, Richard, Hoch, & Coello, 2004］，他者援助［Reeve, Reeve, Townsend, & Poulson, 2007］，共同注意［Taylor & Hoch, 2008］，共感の表出［Schrandt, Townsend, & Poulson, 2009］，遊具等の共同使用［Marzullo-Kerth, Reeve, Reeve, & Townsend, 2011］などに関する指導が行われてきている。

　なかでもお礼や挨拶を「始発（spontaneous response）」できることは，相手に対して親密な印象を与えるばかりでなく，社会的な称賛を受ける機会を増やすことにもつながる［大野・進藤・柘植・溝上・山田・吉元・三浦，1987］。なお，本研究においては，始発を，言語的な弁別刺激のない状態における非言語的な弁別刺激に対する言語反応と定義する［Charlop, Schreibman, & Thibodeau, 1985］。Hobson and Lee［1998］は，自閉症群と，生活年齢および言語発達年齢を統制した非自閉的知的障害群との，初対面の人に対する挨拶について比較検討を行った。その結果，知的障害群に比べ，自閉症群は言語的

であれ，非言語的であれ，挨拶を始発せず，また相手が挨拶をしたときでさえ視線を合わせなかったことを報告している。したがって，自閉症児者が基本的な社会的言語スキルを始発できるようになるためには系統的な指導が必要であるといえよう。

　Matson et al.［1990］は，知的障害を伴う自閉症児に対して時間遅延法を用いて，「ありがとう」「どうぞ」「どういたしまして」の始発を標的行動とした指導を行った結果，「ありがとう」等の始発が可能になり，1～6か月後の維持が確認されたことを報告している。Matson et al.［1993］も，知的障害を伴う自閉症児に対して「ありがとう」「こんにちは」「すみません」「遊んで」の始発を標的行動とした指導を行った。その結果，標的行動の習得，維持，対人般化が可能となり，視覚的なプロンプトのフェイディング法は時間遅延法と同様に有効であることを見いだした。

　ところで，「ありがとう」の始発の般化は物品の受け渡しを伴う場面において生起しやすいことが示唆されている［関戸・川上，2006］。Matson et al.［1990］，Matson et al.［1993］の研究でも，「ありがとう」の指導は対象児が指導者から物品を受け取る場面で行われていた。しかし，日常生活においては，要求物品をもらう場面（「物品要求」場面と表記する。以下，同様）ばかりでなく，必要な物品を借りる場面（「貸与要求」場面）や借りた物品を返す場面（「返却」場面）等においても「ありがとう」の始発が求められる。同様に，わからないことを教えてもらう場面（「教示要求」場面）のように必ずしも物品の受け渡しを伴わない場面でも，「ありがとう」と応じることが期待される。ところが，物品要求場面等特定の場面で習得された「ありがとう」の始発の般化が，未指導の貸与要求・教示要求場面等においてみられるかどうかについては明らかにされていない。

　関戸・川上［2006］は，知的障害を伴う自閉症児に対して，物品要求・教示要求・返却場面からなるルーティンを設定して，「ありがとう」の始発を標的行動とした指導を連鎖的変容（手続きとしては，場面間マルチ・ベースライン・デザインと同様［Alberto & Troutman, 1999］）を用いて行った。その結

果，各場面での標的行動の習得が可能となったが，場面間での般化はみられず，プローブや日常生活での般化も限定的であった。

　一方，Schroeder and Baer［1972］は，知的障害児に音声模倣の指導をする際に，最初の音声刺激が習得された後に次の音声刺激を指導する系列的な（serial）方法（以下，「系列指導法」とする）よりも，1セッション内で3種類の音声刺激を同時に指導する並行的な（concurrent）方法（以下，「並行指導法」とする）のほうが，新たな音声刺激に対して般化が生じやすいことを明らかにした。また，Panyan and Hall［1978］は，重度の知的障害児になぞり書きと音声模倣の指導を行い，系列指導法と並行指導法の効果を比較検討した。系列指導法ではなぞり書きが習得されてから音声模倣の指導を行い，並行指導法では2つの課題のいずれか一方が習得されるまで1セッション内で交互に指導を行った。その結果，課題の習得と維持に要した指導回数には差異はなかったものの，並行指導法のほうが般化が良好であったという結果を得ている。Arntzen and Almås［2002］，Kodak and Clements［2009］も，発達障害児に対するmandとtactの指導において，並行指導法のほうが系列指導法よりも有効であったことを報告している。これらのことから，先の関戸・川上［2006］の指導では連鎖的変容を用いたことから，言わば系列指導法で指導を行ったといえよう。そこで，「ありがとう」の始発が求められる複数の場面で同時に指導を行う，すなわち並行指導法を用いて指導を行うことによって，習得された「ありがとう」の始発の般化が促進される可能性が考えられる。

　以上のことから，本研究では，2名の自閉症児に対して，物品要求・貸与要求・返却等の複数の場面からなるルーティンを設定し，「ありがとう」の始発を目指した指導を場面間で同時に行い，それとともに日常生活における般化を測定した。そしてその結果から，並行指導法を用いることによって，日常生活での「ありがとう」の始発の般化が促進されるか否かについて検討することを目的とした。また，習得された「ありがとう」の始発の般化が，日常生活の未指導の場面（以下，「未指導」場面とする）や物品の受け渡しを伴わない場面においてもみられるかどうかについても併せて検討した。

2．方　法

1）対象児

A児：

指導開始時8歳11か月の男児である。療育機関において自閉症と診断された。指導開始時は小学校3年生で，特別支援学級に在籍していた。知能検査（WPPSI；検査実施時8歳6か月）の結果は，動作性IQは54であったが，言語性IQは測定不能であった。絵画語彙発達検査（PVT）も測定不能であった。乳幼児発達スケール（KIDS；スケール実施時8歳7か月）の結果は，総合発達年齢3歳3か月であった。日常生活では2語文程度の言語表出は可能であり，「ちょうだい」「貸して」「教えて」などの要求言語の表出がみられた。しかし，要求が充足されても，要求充足者に対して「ありがとう」と始発することは観察されていなかった。菓子等を供与された際に，保護者から促されれば，「ありがとう」と言って会釈をすることは可能であった。また，日常生活における言語指示は，ほぼ理解が可能であった。ひらがな・カタカナおよび小学校2年生程度の漢字の読み書きも可能であった。家庭において自由な時間があるときには，色鉛筆でぬり絵をしたり，漢字ドリルを記入したりして過ごしていた。

B児：

指導開始時13歳8か月の男児である。医療機関において自閉症と診断された。指導開始時，知的障害特別支援学校中学部2年に在籍していた。指導を開始する1年8か月前に，教育センターで実施された知能検査（全訂版田中ビネー知能検査；検査実施時12歳0か月）の結果は，MA 1歳10か月，IQ 15であった。また，指導開始時に行ったKIDS（検査実施時13歳8か月）の結果は，総合発達年齢2歳3か月であった。PVT（検査実施時13歳8か月）の結果はVA 3歳2か月であった。日常生活に関する言語指示をほぼ理解できた。言語表出に関しては，日常生活において「あーい」「ややや」などの無意味発声がしばしばみられ，有意味語を使うことはほとんどなかったが，名前を呼ば

れたときに「はい」もしくは「あい」と返事をすることがあった。「トイレ」「始めます」「終わります」「やって」などを身ぶりサイン（以下，「サイン」とする）で表出することができた。また，物品や活動の要求のために写真カードを相手に差し出すことも可能であった。「ありがとう」に関しては，他者から物品を受け取ったときに，家族に促されて会釈をすることができたが，始発は困難であった。

2）指導期間とインフォームドコンセント

A児には200X年11月から200X+1年9月まで，B児には200X+2年5月から200X+3年1月まで，週に1回の割合で指導を行った。1セッション（以下，「1S」とする）の所要時間は，約40分であった。1日に1Sを行い，両児ともに計34Sを実施した。

また，指導開始前に，両児の保護者に，研究の目的と手続きならびに個人情報やデータの取り扱いについて説明をし，同意を得た。

3）指導方法

(1) A児の「おやつ・学習」のルーティン

このルーティンは，A児の興味・関心を踏まえ，場面1：「御用学習」，場面2：「おやつ」，場面3：「ぬり絵」，場面4：「漢字の学習」という4つの場面で構成された（表6-1参照）。

指導は，2人の指導者によって行われた。指導者①はプレイルームに，指導者②は研究室に配置された。「御用学習」は研究室で行われ，「御用学習」以外はプレイルームで行われた。「御用学習」では指導者②の前の机上に，菓子3品・飲み物2品の計5品が並べられた。物品はセッションごとに替えていった。A児は菓子（飲み物）名の書かれたメモを持ってプレイルームから研究室に行った。「ぬり絵」では，ぬり絵に使う色鉛筆を指導者が持っていた。「漢字の学習」においては，漢字1文字あるいは漢字1文字と送り仮名が書かれた15 cm × 10 cmの漢字カードが提示され，A児はそれに漢字の読み仮名を記

表6-1 「おやつ・学習」のルーティン

場面1：御用学習

1) 指導者①から「M先生から〜もらってきて」の依頼を受ける
2) 別室（研究室）に行き，M（指導者②）に対して，依頼物品（菓子・飲み物）の要求（「〜ちょうだい」）をする
※3) 物品を受け取り，「ありがとう」という
4) プレイルームに戻り，物品を指導者①に渡す

以上のやり取りを 5 試行行う

場面2：おやつ

1) コップと皿を並べる
2) 好きな飲み物を選ぶ
3) 好きな菓子を選ぶ
4)「いただきます」といい，菓子（飲み物）を食べる（飲む）
5) おかわりの要求（「〜ちょうだい」）をする
※6) 菓子（飲み物）を受け取り，「ありがとう」という

5), 6) のやり取りを 5 試行行う
7)「ごちそうさま」という

場面3：ぬり絵

1) 提示された 2 枚の動物のぬり絵カードの中から塗りたい絵カードを選択する
2) 手本を見て，色鉛筆の借用の要求をする（「○○色貸して」）
※3) 色鉛筆を受け取り，「ありがとう」という
4) ぬり絵カードに色鉛筆で色を塗る
※5) 色鉛筆を返し，「ありがとう」という

2) 〜 5) のやり取りを 5 試行行う

場面4：漢字の学習

小学校低・中学年相当の漢字が書かれた漢字カード（既知カード・未知カード）がランダムに提示され，計10試行行われる

1) 既知カードの場合

(1) 指導者①が提示した漢字カードに読み仮名を記入する
(2) 正答の確認をする

以上のやり取りを 5 試行行う
　　2）未知カードの場合

> 　（1）提示された漢字カードに対して，教示の要求（「教えて」）をする
> ※（2）指導者①から答えの教示を受け，「ありがとう」という
> 　（3）漢字カードに読み仮名を記入する

　　以上のやり取りを 5 試行行う

※は標的行動。

入した．正答だった場合には，指導者が丸をつけた．また，誤答であった場合や 3・4 年生相当の漢字が書かれた漢字カード（以下，「未知カード」とする）に対して教示要求がなされた場合には，正答の書かれたカードが提示され，A児は漢字カードに読み仮名を記入した．

　なお，「御用学習」では依頼物品を要求する機会が，「おやつ」ではおかわりを要求する機会が，「ぬり絵」ではぬり絵カードに色鉛筆で色を塗る機会が，そして「漢字の学習」では未知カードに読み仮名を記入する機会が，1S につきそれぞれ 5 試行設定された．

(2) B児の「おやつ・おたのしみ」ルーティン

　B 児は過去 3 年間，学校においてサインモードによるコミュニケーション指導を受けてきた．一方で，B 児は，「おはよう」「こんにちは」「さようなら」「ごめんなさい」を表出する際にも，サインとして会釈を用いていた．そこで，本研究ではサインの分化を図るために，手話の「ありがとう」（左手の甲に右手を垂直に乗せた状態から右手をあげる）をサインとして用いることにした．

　「おやつ・おたのしみ」ルーティンは，B 児の興味・関心を踏まえ，場面 1：「御用学習」，場面 2：「おやつ」，場面 3：「ビデオ観賞」，場面 4：「ダンス」という 4 つの場面で構成された．

　「御用学習」「おやつ」は A 児の指導と同様の設定で行われたが，菓子（飲み物）名の書かれたメモに代えて菓子（飲み物）の写真カードを使用した．「ビデオ観賞」では，3 種類のビデオテープ（それぞれ時間は約 4 分間）から

B児は見たいビデオテープを指差しで選択し，指導者に保管ケースから出してもらった。「ダンス」では，B児は指導者に，ダンスの音楽のテープが入ったカセットデッキのスイッチを押すことをサインで依頼した。ダンスの音楽は3曲用意した。

なお，1Sにつき，「御用学習」では物品を要求する機会が，「おやつ」ではおかわりを要求する機会が各5試行，「ビデオ観賞」ではビデオテープを借りる機会が，「ダンス」ではカセットデッキのスイッチを押してもらう機会が各3試行設定された。

(3) 「ありがとう」の始発が求められる各場面の定義

「ありがとう」の始発が求められる各場面を次のように定義した。

① 物品要求：自らの要求後，要求した物品をもらうこと
② 貸与要求：自らの要求後，必要な物品を借りること
③ 返却：借りた物品を返すこと
④ 教示要求：自らの要求後，分からないことを教えてもらうこと
⑤ 援助要求：自らの要求後，できないことをやってもらうこと
⑥ 被供与：自らの要求がなくても，物品を与えられること
⑦ 被援助：自らの要求がなくても，やってもらえること

(4) 標的行動

A児については，次の4つの場面で「ありがとう」が始発されることを目的とした。

① 「御用学習」：指導者①から依頼された菓子（飲み物）を指導者②の元にもらいに行き，それを受け取ったとき（物品要求場面）
② 「おやつ」：菓子（飲み物）のおかわりをもらったとき（物品要求場面）
③ 「ぬり絵」：色鉛筆を借りたとき（貸与要求場面）
　　　　　　借りた色鉛筆を返すとき（返却場面）
④ 「漢字の学習」：未知カードの読み方を教えてもらったとき（教示要求場面）

B児においても，次の4つの場面で「ありがとう」が始発されることを目的

とした。

①「御用学習」・②「おやつ」はA児と同様であった。

③「ビデオ鑑賞」：ビデオテープを借りるとき（貸与要求場面）。借りたビデオテープを返すとき（返却場面）

③「ダンス」：カセットデッキのスイッチを押してもらい，音楽が始まったとき（援助要求場面）

(5) 手続き

〔ⅰ〕ベースライン（以下，「B.L.」とする）

A児については，4つの場面で「ありがとう」が始発されるか否かを観察した。正反応の基準は，「御用学習」「おやつ」「ぬり絵」（貸与要求場面）においては，A児が要求物品を手にした後2秒以内に「ありがとう」が始発された場合を正反応とした。「ぬり絵」（返却場面）においては，指導者は色鉛筆をすぐに受け取らずに2秒間待ち，その間にA児に「ありがとう」の始発がみられた場合を正反応とした。また，「漢字の学習」においては，A児が未知カードの読み方を教えてもらった後，2秒以内に「ありがとう」の始発がみられた場合を正反応とした。

B児については，B.L.を測定する前に，「ありがとう」のサインを集中的に指導した。そして，4つの場面において「ありがとう」のサインが始発されるか否かを観察した。正反応の基準は，「御用学習」「おやつ」「ビデオ鑑賞」（貸与要求場面）においては，指導者から物品を差し出された際に，物品を受け取る前に「ありがとう」のサインが始発された場合，もしくは物品を受け取ってから2秒以内にサインが始発された場合を正反応とした。また，「ビデオ鑑賞」（返却場面）においては，ビデオテープを指導者に返却する前にサインが始発された場合，あるいは返却してから2秒以内にサインが始発された場合を正反応とした。「ダンス」においては，B児からカセットデッキのスイッチを押してほしいという要求があった際に，指導者がスイッチを押し，音楽開始後2秒以内にサインの始発がみられた場合を正反応とした。

〔ⅱ〕指導

A児については，「おやつ・学習」のルーティンに基づいて指導が展開された。各場面において「ありがとう」が始発されなかった場合には，①言語的手がかり（「何て言うの」），②モデル部分提示（「あ・・・・」と書かれたカードの提示），③モデル全提示（「ありがとう」と書かれたカードの提示）の順に，プロンプトがプロンプターによって提示された。強化子として，社会的称賛が用いられた。また，指導者がA児に要求物品を手渡す際に「どうぞ」あるいは「はい」という言葉かけをすると，それらが言語的な弁別刺激になる可能性が考えられた。そこで，「ありがとう」の始発の形成という観点から，要求物品を手渡す際に「どうぞ」「はい」あるいは無言のいずれかで応じることにした。さらに，「漢字の学習」で，指導者が読めないであろうとみなして提示した未知カードをA児が読むことができた場合には，その試行を評価の対象から除外した。なお，標的行動の達成基準を，80％以上の正反応率が3S連続でみられた場合，あるいは連続する5Sにおいて80％以上の正反応率が3Sみられた場合とした。

　B児においては，「おやつ・おたのしみ」ルーティンに基づいて指導が展開された。それぞれの場面において，「ありがとう」のサインが始発されなかった場合には，①言語的手がかり（「どうするの」），②モデル提示（「ありがとう」のサインを提示）の順に，プロンプトが指導者によって提示された。強化子として社会的称賛が用いられた。また，要求物品を手渡す際に，「どうぞ」「はい」あるいは無言のいずれかで応じることにした。なお，標的行動の達成基準は，A児と同様にした。

(6) プレテスト・ポストテスト

〔ⅰ〕A児

◇プレテスト：指導開始直前に，家庭で援助要求・物品要求・教示要求場面を意図的に設定してもらい，「ありがとう」が始発されるか否かを母親に6日間観察してもらった。その際，プロンプトは一切提示しなかった。

◇ポストテスト：セッション34（以下，「S 34」とする）終了後，家庭で援助要求・物品要求・教示要求・貸与要求・返却場面を意図的に設定してもらい，

プレテストと同様に6日間観察してもらった。

〔ⅱ〕B児

◇プレテスト：B.L.期に，家庭で物品要求場面を意図的に設定してもらい，「ありがとう」のサインあるいは会釈が始発されるか否かを家族（母親と祖父）に6日間観察してもらった。その際にプロンプトは一切提示しなかった。貸与要求・返却・援助要求場面は，家庭の都合により設定できなかった。

◇ポストテスト：指導終了直後に，家庭において物品要求・援助要求場面を意図的に設定してもらい，「ありがとう」のサインが始発されるか否かを，プレテストと同様に6日間観察してもらった。貸与要求・返却場面は家庭の都合により設定できなかった。

(7) 般化

〔ⅰ〕A児

指導開始後，家庭や学校等の日常生活において「ありがとう」が始発された場合に，母親と担任教師（以下，「担任」とする）に，①始発された月・日，②始発の対象者，③始発されたときの状況について記録を依頼した。なお，学校での始発は連絡帳に記入してもらった。1週間に1度，母親に記録の提出を求め，不明な点はその場で確認をした。

〔ⅱ〕B児

家庭，学校，およびB児が週3日放課後に利用している学童保育等の日常生活において，「ありがとう」のサインが始発されるか否かを観察してもらった。指導開始から約6か月間経過した11月初旬から指導終了直後の1月中旬まで，家庭においては家族に，学校においては担任に，学童保育においては指導員に，A児と同様の方法で観察と記録を依頼した。1週間に1度，家族に記録の提出を求め，不明な点はその場で確認をした。

4）記録の方法と信頼性

指導場面はセッションごとにビデオに録画され，指導終了後再生して評価を行った。このうち，ランダムに選択された33％のセッションが一致率測定の

対象とされた。評定は，1名の指導者と指導に関係していない1名の教員の計2名で行い，別々に評定した記録に基づいて一致試行数が算出された。これを全評定試行数で除し，100をかけたものを一致率とした。A児の一致率は98.3％，B児の一致率は97.8％であった。

3. 結　果

1）A児
(1) 標的行動の習得
　標的行動の習得過程を図6-1に示した。ここでは，A児が4つの場面において，「ありがとう」を始発したか否かを評価の対象とした。

　B.L.を2S測定したが，4つの場面において正反応は1度もみられなかった。指導に入ると，「御用学習」ではS4で初めて正反応がみられ，その後S12で正反応率が100％に達し，この時点で標的行動の達成基準を満たした。「おやつ」ではS13で初めて正反応がみられ，8S後のS21で達成基準を満たした。「ぬり絵」の貸与要求場面ではS12で初めて正反応がみられたがその後正反応率が安定せず，達成基準を満たしたのはS30であった。返却場面では初めて正反応がみられたのはS17であったが，5S後のS22で達成基準を満たした。「漢字の学習」ではS16で初めて正反応がみられ，4S後のS20で達成基準を満たした。

(2) プレテスト・ポストテスト
◇プレテスト：援助要求場面を17回，物品要求場面を5回，教示要求場面を6回設定してもらったが，いずれの場面でも「ありがとう」の始発はみられなかった。
◇ポストテスト：援助要求場面では6回中5回，物品要求場面では6回中5回，教示要求場面では6回中2回，貸与要求場面では6回中3回，返却場面では6回中3回，「ありがとう」の始発がみられた。なお，援助要求場面は未指導場

114

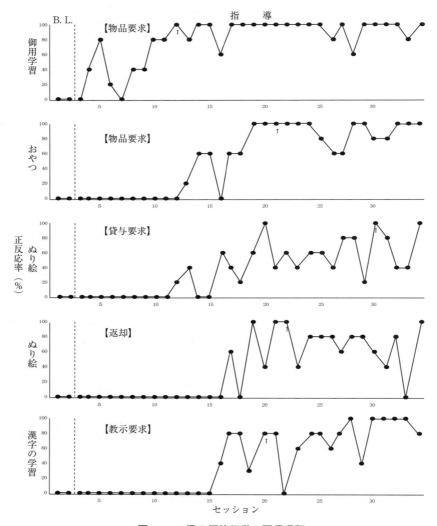

図6-1　A児の標的行動の習得過程

・4つの指導場面内の【物品要求】【貸与要求】【返却】【教示要求】は,「ありがとう」の始発が求められる場面を示している.
・指導は1セッション5試行で行われたが,「漢字の学習」についてはA児が未知カードを読むことができた場合には, その試行を評価の対象から除外した.
・↑は, そのセッションで標的行動の達成基準を満たしたことを示している.

面であった。

(3) 般化

表6-2に，各セッション終了後に家庭や学校等の日常生活でみられた「ありがとう」の始発数およびその場面の推移を示した。

まず，始発数をみると，「御用学習」において標的行動の正反応率が80％に達したS5終了後に，家庭において初めて般化がみられた。「御用学習」の達

表6-2 A児の各セッション終了後に日常場面でみられた「ありがとう」の始発数およびその場面の推移

セッション		5	6	7	8	9	10	11	12	13	14	15	16	17	18	19
始 発 数		2	1	0	0	0	2	0	12	5	5	8	9	8	0	14
場面	被供与	2	1				2		9	4	3	3	6	6		9
	物品要求*								1	1	1	4	2	2		2
	被援助								1		1	1	1			
	援助要求								1							
	教示要求*															3
	貸与要求*															
	返却*															

セッション		20	21	22	23	24	25	26	27	28	29	30	31	32	33	合計
始 発 数		11	13	37	42	17	33	20	20	10	52	17	16	55	16	425
場面	被供与	4	6	20	25	7	16	16	11	9	24	7	6	26	6	228
	物品要求*	4	3	8	6	1	8	2	4		10	1	4	16	4	84
	被援助			3	9	8	9	2	2		8	3	3	9	5	65
	援助要求	2	3	6	1				1		2	3	1	2	1	23
	教示要求*	1	1		1	1			1	1	6	3	1			19
	貸与要求*										2		1	2		5
	返却*							1								1

*は指導した場面を示す。

成基準を満たしたS12終了後には12回観察された。「漢字の学習」「おやつ」，さらに「ぬり絵」（返却場面）の達成基準を満たしたS22終了後に37回観察された。そして，S33終了後までに（約11か月間で），日常生活において，家族や担任を含め様々な対象者に対して「ありがとう」の始発の般化が合計425回観察された。

次に，観察された般化を場面ごとにみると，被供与場面228回，物品要求場面84回，被援助場面65回，援助要求場面23回，教示要求場面19回で，貸与要求・返却場面では少なかった。また，被援助場面では，治療後歯科医や眼科医に対して「ありがとう」の始発が観察されたことが2回，理髪後理容師に対して「ありがとう」の始発が観察されたことが1回あった。なお，被供与・被援助・援助要求場面は未指導場面であった。

さらに，S25終了後に，次のようなエピソードが報告された。A児は，姉から「そこのペン，取って」と言われたためにペンを姉に渡した。姉がわざと黙っていたところ，A児が，姉の名を呼んで「ありがとう」と催促をした。

2）B児
(1) 標的行動の習得

標的行動の習得過程を図6-2に示した。ここではB児が4つの場面において「ありがとう」のサインを始発したか否かを評価の対象とした。

B.L.を3S測定したが，すべての場面において正反応がみられなかった。指導に入ると，「御用学習」ではS5で初めて正反応がみられ，S13で標的行動の達成基準を満たした。「おやつ」でもS5で初めて正反応がみられ，達成基準にはS12で達した。「ビデオ鑑賞」では，貸与要求場面はS9で，返却場面はS10で初めて正反応がみられ，貸与要求場面はS32で，返却場面はS23で達成基準を満たした。しかし，「ダンス」ではS6で初めて正反応がみられたにもかかわらず，正反応率が達成基準に達しなかった。

(2) プレテスト・ポストテスト

第2章　自閉症児に対する日常の文脈を用いた言語指導とその般化促進　117

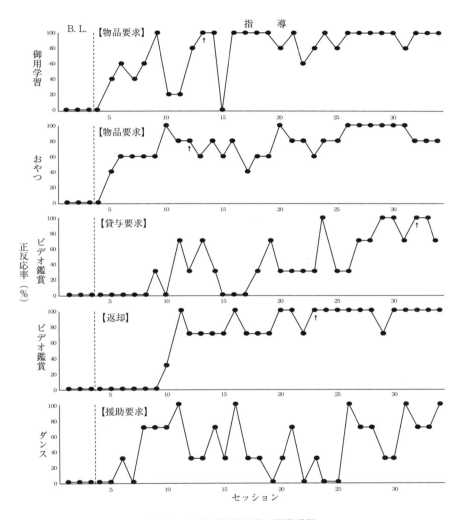

図6-2　B児の標的行動の習得過程

・4つの指導場面内の【物品要求】【貸与要求】【返却】【援助要求】は，「ありがとう」の始発が求められる場面を示している。
・指導は，「御用学習」「おやつ」は1セッション5試行で，「ビデオ鑑賞」「ダンス」は1セッション3試行で行われた。
・↑は，そのセッションで標的行動の達成基準を満たしたことを示している。

◇プレテスト：物品要求場面を，母に6回，祖父に4回，母の友人に2回，計12回設定してもらったが，いずれの場面でも「ありがとう」のサインおよび会釈の始発はみられなかった。

◇ポストテスト：物品要求場面を，母に2回，祖父に4回の計6回，援助要求場面を祖父に4回設定してもらった。その結果，物品要求場面で4回（母に1回，祖父に3回），援助要求場面で4回，「ありがとう」のサインの始発がみられた。

(3) 般化

表6-3に，家庭，学校，および学童保育等の日常生活でみられた「ありがとう」のサインの始発数，その場面，およびその対象者を示した。

まず，場面と始発数をみると，被供与場面26回，物品要求場面17回，被援助場面5回，援助要求場面4回で，約2.5か月間で合計52回の「ありがとう」の始発の般化が観察された。なお，被供与・被援助場面は未指導場面であった。貸与要求・返却場面については般化の観察機会がなかった。

次に，対象者をみると，家族，担任，学童保育の指導員ばかりでなく，(学校で行われたフラダンスの) 外部講師や以下に示すように音楽療法士に対しても「ありがとう」の始発が観察された。

表6-3 B児の日常生活でみられた「ありがとう」の始発数，その場面，およびその対象者

場面	始発数	対象者（始発数）
被供与	26	担任 (16)，母 (8)，祖父 (2)
物品要求*	17	学童の指導員 (9)，母 (6)，祖父 (1)，指導者 (1)
被援助	5	担任 (3)，母 (1)，外部講師 (1)
援助要求*	4	祖父 (3)，音楽療法士 (1)
合計	52	

*は指導した場面を示す。

援助要求場面では，次のような場面が観察された。週に1度通っているリトミック教室で，B児は離席している友人に座るようにサインで示したが伝わらなかったため，音楽療法士に援助を求めた。音楽療法士がその友人を座らせたところ，B児は「ありがとう」のサインを始発した。音楽療法士からは，座らせたことに対して「ありがとう」と表出していることが分かった，という報告があった。

4．考　察

1）標的行動の習得

A児においては4つの場面で，B児においても「ダンス」を除く3つの場面で標的行動の達成基準を満たしたことから，これらの場面において標的行動が習得されたといえる。

標的行動が習得されたセッション数をみると，A児では「御用学習」においてS12で，B児でも「御用学習」においてS13で，「おやつ」においてもS12で習得された。これらのことから，他の場面と比べると，物品要求場面において「ありがとう」の始発が習得されやすいと考えられる。一方，両児ともに「御用学習」「おやつ」を物品要求場面とした。すなわち，物品要求場面を2場面連続で設定した結果，物品要求場面において「ありがとう」の始発の習得が促進されたとも考えられる。

しかし，両児とも貸与要求場面では，標的行動の習得に多くのセッション数を要した。この要因として次のことが考えられる。A児は色鉛筆を手にするとすぐに色を塗り始めることが，B児でもビデオテープを受け取るや否やビデオデッキに挿入しようとすることが，特に指導の中盤においてほぼ毎セッションみられた。その結果，指導者はその試行で指導を行うことが困難であったため，この場面での標的行動の習得に多くのセッション数を要したと考えられる。

ところで，B児の「ダンス」（援助要求場面）では，標的行動の達成基準を

満たすことができなかった。B児の「おやつ・おたのしみ」ルーティンにおいて，「ダンス」以外の3つの場面では，すべて物品の受け渡しが伴っていた。また，日常生活でサインの始発の般化が観察された援助要求場面でも，4回中3回において物品の受け渡しが伴っていた（祖父に薬の入った袋を開けるように要求し，開けてもらった）。したがって，「ダンス」で標的行動の達成基準を満たすことができなかった原因の1つが，物品の受け渡しが伴っていなかったことにあると考えられる。

2）「ありがとう」の般化の始発数およびその場面

始発数についてみると，A児においては約11か月間で合計425回観察された。B児においても約2.5か月間で合計52回観察された。また，両児ともに，プレテストでは「ありがとう」の始発がみられなかったが，ポストテストではそれが可能となった。これらのことから，指導によって「ありがとう」の始発が習得されるに伴い，日常生活においてその般化がみられるようになっていったといえる。

日常生活において相当数の「ありがとう」の始発の般化がみられた要因として，次の3点が考えられる。

1点めとして，並行指導法のもつ特性があげられる。並行指導法を用いて指導を行う際に，指導の1Sめからルーティンの場面間で同時に指導が行われ，また正反応には強化が随伴される。一方，系列指導法を用いて指導を行う際には，ルーティンの第1の場面で標的行動が習得された後に第2の場面の指導が開始され，その後第3・第4の場面へと指導が続いていく。したがって，たとえ両者間で標的行動の習得に要したセッション数が同等であったとしても，各場面の指導回数や強化の回数は並行指導法のほうが必然的に多くなる。これらのことから，本研究において並行指導法を用いた結果，日常生活での般化が生じやすかったと推察される。

2点めとして，強化子として社会的称賛を用いたことがあげられる。Hall and Hall［1980］は，生活の中に含まれている自然な強化子の長所として，①

手間がかからなくて，安上がりであること，②強化したい行動に対する系統的な強化を中止しても，自然な状況で将来何らかの機会に強化子を入手しやすくなること，③生活の基本原則に基づいて自動的に随伴されること（例えば，宿題をやってくれば褒められる）の3点をあげている。本研究で用いた社会的称賛は，まさにこの生活の中に含まれている自然な強化子であったといえる。その結果，両児は，日常生活において「ありがとう」を始発すれば指導場面と同様の強化子が提示され，このことが般化の促進につながったと考えられる。

　3点めとして，家族や担任等にとって，「ありがとう」の始発に対して強化子を提示するという随伴性が用意された可能性が考えられる。すなわち，日常生活において般化の観察と記録を依頼されたことによって，家族や担任等が両児の「ありがとう」の始発に関心を向けるようになり，さらにこのことが「ありがとう」の始発に対して強化の随伴をもたらすリマインダーのような機能を果たしていた可能性が考えられる。したがって，両児は日常生活においても，「ありがとう」の始発に対して強化が随伴された可能性が推察され，その結果として般化が生じやすくなったと考えられる。

　一方，般化のみられた場面は，ルーティン内で指導した場面（以下，「指導場面」とする）と未指導場面，さらには物品の受け渡しを伴わない場面の3つに分けられる。以下，場面ごとに般化がみられた要因についてみていく。

　まず，A児ではポストテストおよび般化でみられた物品要求・貸与要求・返却・教示要求場面が，B児でもポストテストおよび般化でみられた物品要求・援助要求場面が，指導場面であった（ただし，B児は援助要求場面において，標的行動の達成基準に達しなかった）。このように指導場面の般化が日常生活でみられた要因として，次のことが考えられる。本研究では，「どうぞ」あるいは「はい」というような言語的な弁別刺激ではなく，要求物品等の非言語的な弁別刺激を用いて「ありがとう」の始発の指導を行った。したがって，「ありがとう」の始発が，言語的な弁別刺激の有無に左右されることがなかったために，指導場面の般化が生じやすかったと考えられる。

　次に，A児においては，ポストテストでみられた援助要求場面，また般化

でみられた被供与・被援助・援助要求場面は未指導場面であった。B児においても，般化でみられた被供与・被援助場面は未指導場面であった。本研究では，このように両児において未指導場面においても般化がみられたといえる。この要因として，次の2点が考えられる。1点めとして，前述したように，言語的な弁別刺激ではなく，非言語的な弁別刺激を用いて「ありがとう」の始発の指導を行ったことがあげられる。2点めとして，長崎・山田・亀山［2000］は，場面と人を固定しないで多様な文脈を設定し，しかもできるだけ日常生活に近い場面設定を行うことによって般化が促進される可能性を示唆している。本研究では，ルーティン内に「御用学習」「おやつ」「ぬり絵」（「ビデオ鑑賞」）「漢字の学習」（「ダンス」）という両児にとって日常生活において経験したことがあり，なおかつ興味・関心の高い場面を設定した。また，「御用学習」では指導者②が，他の場面では指導者①が対応し，しかも場面間で同時に指導を行った。これらの結果，両児にとって「ありがとう」の始発は様々な場面で求められるという理解が促進されやすかったと推察される。さらに，A児においてS25終了後に，姉の援助要求に応じたにもかかわらず姉が無言でいたために，姉に「ありがとう」の催促をしたことが報告された。A児はS25終了後までに「ぬり絵」の貸与要求場面以外で標的行動が習得されていたこと，また日常生活で200回以上「ありがとう」の始発の般化が観察されていたことを考え合わせると，このエピソードは，A児にとって「ありがとう」の始発が求められる場面の理解がなされていたことの証左であるとも考えられよう。

　最後に，A児では，治療後歯科医や眼科医に対して，また理髪後理容師に対して「ありがとう」の始発が観察された。B児でも，リトミック教室で，離席している友人を座らせてくれた音楽療法士に対して「ありがとう」のサインの始発がみられた。これらのことから，両児に，物品の受け渡しを伴わない場面，すなわち物品を弁別刺激としない場面においても般化がみられたといえる。本研究ではルーティン内に，A児では「漢字の学習」場面を，B児では「ダンス」場面を設定し，それぞれ情報（漢字の読み方）と音楽を弁別刺激として「ありがとう」の始発の指導を行った。したがって，このような物品の受け渡

しを伴わない場面を意図的に設定して指導を行った結果，物品を弁別刺激としない場面においても，般化がみられたと考えられる。

　なお，本研究の今後の課題として，次の3点が指摘される。まず1点めとして，並行指導法と系列指導法とではどちらのほうが日常生活により般化をもたらしやすいかについては，本研究の結果からは言及できなかった。今後は，一事例実験デザインを用いて，並行指導法と系列指導法の異同についてより明確にしていく必要がある。2点めとして，複数の場面でルーティンを構成する際に，物品要求場面以外にどのような場面でルーティンが構成されると，より般化が促進されるかについても詳細に検討していく必要がある。3点めとして，本研究では，両児とも日常生活において相当数の「ありがとう」の始発の般化がみられたが，その観察記録の信頼性については評価がなされていない。今後は，日常生活での般化の測定方法についても検討がなされる必要がある。

＊

〔本研究は，関戸英紀・永野実生［2014］特殊教育学研究，52（4）において発表された〕

第3章

結 論

本研究では，以下の4点について検討することを目的とした。

1．機会利用型指導法は，断続試行訓練と比較すると，般化がみられやすいと考えられる。そこで，自閉症を伴う重度の言語発達遅滞児に機会利用型指導法を適用し，般化を促進するための必要条件について分析する。また，習得された言語行動が長期にわたって維持されるかどうかについても併せて検討する。

2．子どもの言語習得の背景として，①ルーティンを繰り返すことによる文脈（スクリプト）の要素の獲得過程，②文脈の要素に対応した言語の意味・伝達意図の理解と表出の過程という2つの過程が平行して存在していることが推察される。しかし，文脈の要素の獲得が言語の意味・伝達意図の理解と表出につながる，という仮説については十分に明らかにされていない。そこで，自閉症児を対象とした共同行為ルーティンを用いた言語指導において，文脈の要素を獲得することが，言語の意味・伝達意図の理解と表出に結びつくかどうかについて検討する。

3．自閉症児を対象とした共同行為ルーティンを用いた言語指導において，習得された言語行動の日常場面での般化の状態から，この指導法を用いることによって，日常場面で般化がみられるか否かについて検討する。さらに，もし日常場面で般化がみられなければ，どのような技法をこの指導法に組み込んでいけばよいのかについても併せて検討する。

4．特別支援学校等における自閉症児に対する言語指導法に求められる条件として，①様々な言語発達段階にある自閉症児に適用できる，②要求・質問・報告・応答等の機能に加え，挨拶やお礼等の機能も指導できる，③習得された言語行動が日常場面において般化・維持される，④学校生活場面において，専門的な知識や技能を有する教師ばかりでなく，他の教師も指導に参加できる，の4点が考えられる。したがって，上述した3点の目的の結果を踏まえ，機会

利用型指導法および共同行為ルーティンを用いた指導法は，これらの4点の条件を満たすことができるかどうかについて検討する。

*

1．目的の1について

研究1：

　音声言語に障害がある13歳の自閉症男児に対して，機会利用型指導法を用いて書字による要求言語行動の形成を行った。その後，日常場面に書字モードをプロンプトする複数の聞き手を意図的に設定し，そこでの指導成果の般化の状態から，物品，人，および機能の般化を促進するための要件について検討した。また，2年後の維持についても検討した。その結果，次のことが示唆された。①対象児が自己の書字レパートリーの中になかった単語を環境から取り入れ，それを使用して要求することができたことから，物品の名称の「書字練習」は，後の日常場面での般化を促進するための必要条件とはならないが，誤字・脱字はそのつど指導していく必要がある。②対象児にかかわる人たちに所定の指導技法（プロンプトの提示方法等）を教示し，対象児に要求事態が生じたときにそれに基づいた対応を要請することは，人への般化を促進するうえで有効である。③「要求」以外に「応答」「叙述」「報告」の機能をもつ言語行動が出現したが，これは要求言語行動が般化したものではなく，要求言語行動形成後，対象児が「サインモード」を「書字モード」にモード変換したり，これまで非言語的モードで表出していた場面においても，書字モードを用いたりするようになった結果である。④2年後も一定の維持が観察されたが，習得された言語行動の維持には，環境側の有効で，永続的な働きかけが必要である。

2．目的の2について

研究2：

　16歳の自閉症男児に対して，「おかわり」「報告」「応答」の3つのルーティ

ンを用いて電話による受け答えを指導した結果，校内電話をかける，自宅の電話をかける・受ける技能の習得が可能になった。その結果から次のことが示唆された。①ルーティンを利用したことによって文脈の理解に対する認知的な負荷が軽減され，またルーティンにおいて電話の使用がおかわりをもらうための手順の一部になっていたことから，対象児は自分の用件を相手に的確に伝えることに留意することができ，その結果電話の受け答えの習得が促進された。②ルーティンを遂行していくなかで対象児なりにその意味の生成がなされ，その過程は語用論上の誠実性原則に反するものではなかった。

研究3：

質問に対してエコラリア（誤答）で応じる12歳の自閉症男児に対して，「買い物・トーストづくり」ルーティンを用いて，5つの型（Who型・Yes-No型・A or B型・Whose型・How型）の質問に対する適切な応答的発話の習得を目指した指導を行った。その際に，スクリプトの要素に対応した言語の意味・伝達意図の理解と表出を評価するために，適切な応答的発話のバリエーションと習得した応答行動の日常場面での般化を指標として設定した。その結果，Who型・Yes-No型・Whose型の質問に対して適切な応答的発話が習得された。また，A or B型・Which型・What型においてバリエーションが，Yes-No型において般化がみられた。以上のことから，ルーティンを繰り返すことにより，それに含まれる言語・非言語を問わず行為の系列を再現できるようになったが，その意味や伝達意図の理解が可能になったといえるまでには至らなかった。

研究4：

「いってきます」「ただいま」「ありがとう」（以下，「あいさつ語」とする）の自発的表出に困難を示す，13歳の自閉症男児に対して，「買い物」ルーティンを用いて，あいさつ語の自発的表出を目的とした指導を行った。その結果，あいさつ語の自発的表出が可能となり，またある程度の日常場面での般化および指導終了5か月後の維持が確認された。以上のことから，①対象児にとって，"出かける""帰宅する""物をもらう"という3つの場面の文脈の理解が可能に

なったこと，②文脈の理解と言語の表出との間に相互に関連する傾向がみられたことが示唆された。

　研究2～4の結果から，子どもの言語習得の背景として，①ルーティンを繰り返すことによる文脈の要素の獲得過程，②文脈の要素に対応した言語の意味・伝達意図の理解と表出の過程という2つの過程が存在しており，しかも両者の間に関連性があると考えられる。

3．目的の3について
研究5：

「ありがとう」の自発的表出がみられない9歳の自閉症女児に対して，「学習・おやつ」ルーティンを用いて，「ありがとう」の表出の般化を目指した指導を行った。その結果，ルーティン内の4つの場面に設定された「ありがとう」の表出が習得された。また，プローブ，「自由遊び」場面，日常場面においても般化が確認された。以上のことから，次のことが検討された。①対象児は文脈を構成する個々の要素と言語との対応関係の習得が可能になった。②「ありがとう」が自発的に表出されるようになるためには，「ありがとう」の表出が求められる異なる場面を複数設定したルーティンを用いる方法が有効である。③「ありがとう」の表出の般化は，物の受け渡し場面においてみられやすいことが示唆される。

研究6：

9歳と13歳の自閉症男児に対して，物品要求・貸与要求・教示要求等の5つの場面からなるルーティンを設定し，「ありがとう」の始発を目指した指導を並行指導法を用いて行った。併せて，家庭や学校等の日常場面における般化を測定した。そして，並行指導法を用いることによって，日常場面での般化が促進されるか否かについて検討した。その結果，1名は5つの場面で，もう1名も4つの場面で標的行動が習得された。また，両児に日常場面において「ありがとう」の始発の般化が観察され，物品要求等の指導した場面ばかりでなく，被供与等の未指導の場面においても般化がみられた。さらに，被援助等の物品

の受け渡しを伴わない場面においても般化が観察された。これらの結果から，複数の場面からなるルーティンを設定し，並行指導法を用いて指導を行うことによって，標的行動の日常場面での般化が促進される可能性が示唆された。

　研究2～研究6の結果から，自閉症児を対象とした共同行為ルーティンを用いた言語指導において，習得された言語行動の日常場面での一定の般化がみられたといえる。

　また，標的行動の始発を目指した指導を行う際には，物の受け渡し場面を含む複数の場面からなるルーティンを設定し，並行指導法を用いて指導を行うことによって，標的行動の日常場面での般化が促進される可能性が示唆された。

4．目的の4について

　機会利用型指導法を用いた研究1では，①有意味音声言語は2語だけ，②標的行動の機能は要求，③物品・人の般化および2年後の一定の維持の確認，④給食（歯磨きを含む）・帰りの会・家庭において，指導者以外の学級担任や家族も参加，という結果であった。

　一方，共同行為ルーティンを用いた指導法による研究2～6では，①有意味音声言語は1～3語文程度，②標的行動の機能は，質問・報告・応答・挨拶・お礼，③人・場面・応答（一部）の般化および2週間～5か月後の維持の確認，④給食・国語の授業・帰宅後において，指導者以外の教師や母親も参加，という結果であった。

　これらのことから，共同行為ルーティンを用いた指導法は，特別支援学校等における自閉症児に対する言語指導法に求められる4点の条件を満たすことが可能であるといえる。また，機会利用型指導法も，同様にそれらの条件を満たすことができる可能性が示唆される。

第 4 章

今後の課題

本研究では，今後の課題として，以下の4点が指摘される。

1．自閉症を伴う重度の言語発達遅滞児に機会利用型指導法を適用して言語指導を行ったところ，「要求」以外に「応答」「叙述」「報告」の機能をもつ言語行動が出現した。しかし，これは要求言語行動が般化したものではなく，要求言語行動形成後，対象児がモード変換したり，これまで非言語的モードで表出していた場面においても，書字モードを用いたりするようになった結果であった。したがって，今後は機能の般化がみられるかどうかについて検討を行う必要がある。また，もし機能の般化がみられなければ，般化を促進するための要件についても併せて検討を行う必要があろう。

2．子どもの言語習得の背景として，①ルーティンを繰り返すことによる文脈（スクリプト）の要素の獲得過程，②文脈の要素に対応した言語の意味・伝達意図の理解と表出の過程という2つの過程が存在していると考えられる。この文脈の②の側面の獲得を評価するために，ルーティンの中で，対象児が自発的に表出する適切な言語行動のバリエーションと習得した言語行動の日常場面での般化を指標として設定したが，十分な評価がなされなかった。したがって，文脈の②の側面の獲得を評価するためには，どのような手続きの介入が適切であるかについて検討を行う必要がある。そして，この両者の関連性について，今後はよりいっそう詳細に検討がなされる必要があろう。

3．自閉症児を対象とした複数の場面からなる共同行為ルーティンを用いた言語指導において，並行指導法を用いて指導を行ったところ，標的行動の日常場面での般化が促進される可能性が示唆された。今後は，一事例の実験デザインを採用し，並行指導法と系列指導法とではどちらの方法が日常場面により般化をもたらしやすいかについて明らかにしていく必要がある。

4．研究1～6において，習得された言語行動の日常場面での般化が測定さ

れた。そのために，家族や担任教師に，般化がみられるたびに記録を依頼した。しかしながら，その観察記録の信頼性については評価がなされていない。今後は，日常場面での般化の測定に関して，効率的で，しかも客観的な評価・記録の方法が開発されることが求められる。

　5．相互作用アプローチでは，標的行動や達成基準を設定しないため，指導成果の異なる状況での般化の測定が困難であると考えられる。したがって，改善されたコミュニケーション行動の般化が，日常場面においてみられるか否かについて今後は検討がなされる必要がある。そのためには，まずはこのアプローチに適合した般化の測定方法の開発が求められる。

文　　献

阿部芳久（1989）書字による要求言語形成と般化促進に関わる先行条件の検討―日常場面における機会利用型指導法の自閉症児の適用を通じて―．特殊教育学研究, 27(2), 49-55.

Alberto, P. A. & Troutman, A. C. (1999) *Applied behavior analysis for teachers* (5th ed.). Prentice Hall, Upper Saddle River, New Jersey.〔佐久間徹・谷　晋二・大野裕史訳（2004）はじめての応用行動分析　日本語版第2版．二瓶社, pp. 308-311.〕

American Psychiatric Association (2000) *Quick Reference to the Diagnostic Criteria from DSM-IV-TR*.〔高橋三郎・大野　裕・染谷俊幸訳（2002）DSM-Ⅳ-TR 精神疾患の分類と診断の手引き．医学書院, pp.55-57.〕

安部博志（1997）自閉症児の社会生活スキル訓練――一人通学の訓練プログラムの検討―．特殊教育学研究, 34 (5), 117-123.

Arntzen, E. & Almås, I. K. (2002) Effects of mand-tact versus tact-only training on the acquisition of tacts. *Journal of Applied Behavior Analysis*, 35, 419-422.

Banda, D. R. (2005) Discrete trial training. Neisworth, J. T. & Wolfe, P. S. (Eds.), *The autism encyclopedia*. Paul H. Brookes PuBlishing Co., Inc.〔萩原　拓監修, 小川真弓・徳永優子・吉田美樹訳（2010）自閉症百科事典．明石書店, p.48.〕

Ben-Arieh, J. (2007) *How to use joint action routines*. PRO-ED, Inc., Austin.

Buffington, D. M., Krantz, P. J., McClannahan, L. E., & Poulson, C. L. (1998) Procedures for teaching appropriate gestural communication skills to children with autism. *Journal of Autism and Developmental Disorders*, 28, 535-545.

Charlop, M. H., Schreibman, L., & Thibodeau, M. G. (1985) Increasing spontaneous verbal responding in autistic children using a time delay procedure. *Journal of Applied Behavior Analysis*, 18, 155-166.

Conti-Ramsden, G. (1989) Parent-child interaction in mental handicap: An evaluation. Beveridge et al. (Eds.), *Language and communication in mentally handicapped people*. Chapman and Hall, London, pp.218-225.

Cooke, S., Cooke, T. B., & Apolloni, T. (1976) Generalization of language training with mentally retarded. *Journal of Special Education*, 10, 299-304.

Cowan, R. J. (2005) Generalization. Neisworth, J. T. & Wolfe, P. S. (Eds.), *The autism encyclopedia.* Paul H. Brookes Publishing Co., Inc.〔萩原　拓監修, 小川真弓・徳永優子・吉田美樹訳（2010）自閉症百科事典．明石書店, p.73.〕

出口　光・山本淳一（1985）機会利用型指導法とその汎用性の拡大—機能的言語の教授法に関する考察—．教育心理学研究, 33（4）, 78-88.

Delprato, D. J.（2001）Comparisons of discrete-trial and normalized behavioral language intervention for young children with autism. *Journal of Autism and Developmental Disorders*, 31, 315-325.

江口季好（1984）こくごのほん. あゆみ出版.

Frost, L. & Bondy, A.（1994）*The picture exchange communication system training manual.* Cherry Hill, NJ: Pyramid Educational Consultants.

Garcia, E.（1974）The training and generalization of a conversational speech form in nonverbal retardates. *Journal of Applied Behavior Analysis*, 7, 137-149.

Goldstein, H.（2002）Communication intervention for children with autism: A review of treatment efficacy. *Journal of Autism and Developmental Disorders*, 32, 373-396.

権藤桂子・安藤百枝（1996）自閉傾向のある幼児のフォーマット展開要因. INREAL研究, 7, 71-77.

Hall, R. V. & Hall, M. C.（1980）*How to select reinforcers.* Lawrence, KS: H&H Enterprises.

Hall, S. W. & Talkington, L. W.（1970）Evaluation of a manual approach to programming for deaf retarded. *American Journal of Mental Deficiency*, 75, 378-380.

Handleman, J. S.（1979）Generalization by autistic-type children of verbal responses cross-settings. *Journal of Applied Behavior Analysis*, 12, 283-294.

Handleman, J. S.（1981）Transfer of verbal responses across instructional settings by autistic-type children. *Journal of Speech and Hearing Disorders*, 46, 69-76.

Hart, B. & Risley, T. R.（1968）Establishing use of descriptive adjectives in the spontaneous speech of disadvantaged preschool children. *Journal of Applied Behavior Analysis*, 1, 109-120.

Hart, B. & Risley, T. R.（1974）Using preschool materials to modify the language of disadvantaged children. *Journal of Applied Behavior Analysis*, 7, 243-256.

Hart, B. & Risley, T. R.（1975）Incidental teaching of languages in the preschool. *Journal of Applied Behavior Analysis*, 8, 411-420.

Hart, B. & Risley, T. R.（1980）In vivo language intervention: Unanticipated general effect. *Journal of Applied Behavior Analysis*, 13, 927-936.

Hobson, R. P. & Lee, A. (1998) Hello and goodbye: A study of social engagement in autism. *Journal of Autism and Developmental Disorders*, 28, 117-127.

Horner, R. H., Williams, J. A., & Steveley, J. D. (1987) Acquisition of generalized telephone use by students with moderate and severe mental retardation. *Research in Developmental Disabilities*, 8, 229-247.

飯島啓太・高橋甲介・野呂文行(2008)自閉性障害児における絵カード交換式コミュニケーション・システム(PECS)の家庭内での自発的使用促進に関する研究. 障害科学研究, 32, 195-206.

井上暁子・井上雅彦・小林重雄(1996)自閉症生徒における代表例教授法(General Case Instruction)を用いた料理指導―品目間般化の検討―. 特殊教育学研究, 34 (1), 19-33.

井上雅彦・飯塚暁子・小林重雄(1994)発達障害者における料理指導―料理カードと教示ビデオを用いた指導プログラムの効果―. 特殊教育学研究, 32 (3), 1-12.

井上雅彦・小川倫央・藤田継道(1999)自閉症児における疑問詞質問に対する応答言語行動の獲得と般化. 特殊教育学研究, 36 (4), 11-21.

角張憲正(1985)自閉児の言語開発. 学習研究社, pp.46-59.

加藤元繁・江尻佳之・小山智恵子・多田昌代(2005)教育臨床における機会利用型指導法の展開と適用―不登校中学生への介入例を通して―. 心身障害学研究, 29, 135-148.

河内清美(2006)自閉的傾向をもつ子どもへのアプローチ―遊びのフォーマット作りを通して―. INREAL研究, 14, 64-73.

河内清美・浦上幸枝(2008)高機能広汎性発達障害のRくんへのアプローチ―会話の問題を援助するかかわり―. INREAL研究, 15, 9-18.

河津洋三・井上雅彦・藤田継道(1996)自閉症児における写真カードによる要求伝達行動の獲得と般化. 障害児教育実践研究(兵庫教育大学学校教育学部附属障害児教育実践センター), 4, 13-22.

Kodak, T. & Clements, A. (2009) Acquisition of mands and tacts with concurrent echoic training. *Journal of Applied Behavior Analysis*, 42, 839-843.

Koegel, L. K. (2000) Interventions to facilitate communication in autism. *Journal of Autism and Developmental Disorders*, 30, 383-391.

Koegel, R. L., O'Dell, M., & Dunlap, G. (1988) Producing speech use in nonverbal autistic children by reinforcing attempts. *Journal of Autism and Developmental Disorders*, 18, 525-538.

小井田久実・園山繁樹・竹内康二（2003）自閉性障害児に対する PECS によるコミュニケーション指導研究―その指導プログラムと今後の課題―．行動分析学研究，18 (2)，120-130．

小島拓也・関戸英紀（2013）選択性緘黙の児童に対するコミュニケーションカードを用いたあいさつ等の指導．特殊教育学研究，51 (4)，359-368．

Krantz, P. J., Zalewski, S., Hall, L., Fenski, E., & McClannahan, L. (1981) Teaching complex language to autistic children. *Analysis & Intervention in Developmental Disabilities*, 1, 259-297.

Lovaas, O. I., Koegel, R. L., Simmons, J. Q., & Long, J. (1973) Some generalization and follow up measures on autistic children in behavior therapy. *Journal of Applied Behavior Analysis*, 6, 131-136.

Mancil, G. R., Conroy, M. A., & Haydon, T. F. (2009) Effects of a modified milieu therapy intervention on the social communicative behaviors of young children with autism spectrum disorders. *Journal of Autism and Developmental Disorders*, 39, 149-163.

Marzullo-Kerth, D., Reeve, S. A., Reeve, K. F., & Townsend, D. B. (2011) Using multiple-exemplar training to teach a generalized repertoire of sharing to children with autism. *Journal of Applied Behavior Analysis*, 44, 279-294.

桝蔵千恵子（1992）生徒のコミュニケーションにおける自発性を引き出すための教師の効果的なアプローチについて―INREAL 適用による実践分析―．特殊教育学研究，29 (4)，91-98．

Matson, J. L., Sevin, J. A., Box, M. L., Francis, K. L., & Sevin, B. M. (1993) An evaluation of two methods for increasing self-initiated verbalizations in autistic children. *Journal of Applied Behavior Analysis*, 26, 389-398.

Matson, J. L., Sevin, J. A., Fridley, D., & Love, S. R. (1990) Increasing spontaneous language in three autistic children. *Journal of Applied Behavior Analysis*, 23, 227-233.

松田信夫・伊藤圭子（2001）観察場面を導入した共同行為ルーティンに基づく自閉症児へのコミュニケーション指導―実態把握と指導方針との連携を基盤に―．特殊教育学研究，38 (5)，15-23．

松田信夫・植田恵子（1999）自閉症児に対する要求構文等の対人的使用に向けた指導―共同行為ルーティン「ホットケーキ作り」を通して―．特殊教育学研究，36 (5)，1-8．

松田教生（1992）文字盤によるコミュニケーションが可能になった音声言語をもたない

自閉児の指導経過―養護学校における4年間の実践報告―．特殊教育学研究，29 (4)，99-104.
McConnell, S. R. (2002) Interventions to facilitate social interaction for young children with autism: Review of available research and recommendations for educational intervention and future research. *Journal of Autism and Developmental Disorders*, 32, 351-372.
McTear, M. & Conti-Ramsden, G. (1992) *Pragmatic disability in children*. Whuur Publishers, London.
宮﨑　眞 (1992) 共同行為ルーティンによる重度精神遅滞児のごっこ遊び，コミュニケーション行動の促進．特殊教育学研究，29 (4)，99-104.
宮﨑　眞・岡田佳世美・水村和子 (1996) ごっこ遊び場面における重度精神遅滞児のコミュニケーション行動の指導．特殊教育学研究，33 (5)，79-85.
宮﨑　眞・下平弥生・玉澤里朱 (2012) 自閉症児におけるスクリプトおよびスクリプト・フェイディング手続きによる社会的会話の促進．行動分析学研究，26 (2)，118-132.
望月　昭・野崎和子・渡辺浩志 (1988) 聾精神遅滞者における要求言語行動の実現―施設職員によるプロンプト付き時間遅延操作の検討―．特殊教育学研究，26 (1)，1-11.
村田孝次 (1972) 幼稚園期の言語発達．培風館，pp.152-158.
無藤　隆 (1994) 乳幼児のスクリプトの獲得と言語・コミュニケーションの発達との関連．日本特殊教育学会第32回大会ワークショップ資料集．
文部科学省 (2003) 特別支援教育の在り方に関する調査研究協力者会議 (第6回) 議事要旨．
文部科学省 (2009) 特別支援学校学習指導要領．
文部科学省 (2012) 共生社会の形成に向けたインクルーシブ教育システム構築のための特別支援教育の推進 (報告).
長崎　勤 (1989) 精神遅滞児の言語指導をめぐる諸問題―目的，指導システム，指導方法を中心に―．特殊教育学研究，27 (3)，117-123.
長崎　勤 (1994) 言語指導における語用論的アプローチ―言語獲得における文脈の役割と文脈を形成する大人と子どもの共同行為―．特殊教育学研究，32 (2)，79-84.
長崎　勤 (1995) 共同行為ルーティンによるコミュニケーション・言語指導の方法―発達に応じた共同行為ルーティン，指導目標，指導手続きの設定方法―．平成5・6年度文部省科学研究費一般研究 (C) 研究成果報告書，発達障害児に対する共同行為ルーティンを利用したコミュニケーション指導方法の開発，8-18.

長崎　勤（1998）コミュニケーション・ことばの獲得における文脈の役割．コミュニケーション・ことばの発達支援と文脈．長崎　勤・佐竹真次・宮崎　眞・関戸英紀（編著），スクリプトによるコミュニケーション指導．川島書店，pp.3-34.

長崎　勤・飯高京子・萩原悦子・片山ひろ子・三浦　文（1986）認知・語用論的アプローチによる言語指導の試み—言語の認知的側面に問題をもつ3事例に対するコミュニケーション指導—．東京学芸大学特殊教育研究施設報告，35，1-18.

長崎　勤・片山ひろ子・森本俊子（1993）共同行為ルーティンによる前言語コミュニケーションの指導—「サーキット・おやつ」スクリプトを用いたダウン症幼児への指導—．特殊教育学研究，31（2），23-34.

長崎　勤・山田明子・亀山千春（2000）ダウン症児における「心の理解」の学習可能性の検討—「他者の欲求意図を尋ねる」ことの指導をとおして—．特殊教育学研究，38（3），11-20.

長崎　勤・吉村由紀子・土屋恵美（1991）ダウン症幼児に対する共同行為ルーティンによる言語指導—「トースト作り」ルーティンでの語彙・構文，コミュニケーション指導—．特殊教育学研究，28（4），15-24.

長沢正樹（1995）エコラリアを示す自閉症児への応答的発話訓練．日本特殊教育学会第33回大会発表論文集，672-673.

長沢正樹・森島　慧（1992）機能的言語指導法による自閉症児の要求言語行動の獲得．特殊教育学研究，29（4），77-81.

中島　誠（1978）日本人・アメリカ人乳幼児の言語発達の比較．F. C. パン（編），発達と習得における言語行動．文化評論出版．

中野良顕（1983）自閉症児の言語獲得（2）—言語の般化—．日本行動分析研究会（編），ことばの獲得．川島書店，pp.99-121.

西原数馬・吉井勘人・長崎　勤（2006）広汎性発達障害児に対する「心の理解」の発達支援：「宝さがしゲーム」による「見ることは知ることを導く」という原理の理解への事例的検討．発達心理学研究，17（1），28-38.

小笠原　恵・関真佐美・河野由実（1994）精神遅滞児および自閉症児に対する要求行動の形成に関する研究．特殊教育学研究，31（5），39-45.

Olive, M. L., Cruz, B. de la, Davis, T. N., Chan, J. M., Lang, R. B., O'Reilly, M. F., & Dickson, S. M.（2007）The effects of enhanced milieu teaching and a voice output communication aid on the requesting of three children with autism. *Journal of Autism and Developmental Disorders*, 37, 1505-1513.

小野里美帆・長崎　勤・奥　玲子（2000）おやつ共同行為ルーティンによる4，5歳ダウン症児への言語・コミュニケーション指導—おやつスクリプトと言語の獲得過程—．

心身障害学研究, 24, 75-86.

小野里美帆・中川　円・藍田幸子・中島陽子・長崎　勤（1996）共同行為ルーティンによる言語・コミュニケーション指導（5）―6歳ダウン症児へのファーストフードスクリプトによる指導：スクリプトの"柔軟性"への対応―. 日本特殊教育学会第34回大会発表論文集, 376-377.

大井　学（1993）前言語期の重度遅滞児に対する伝達の帰属. 特殊教育学研究, 31（3）, 1-7.

大井　学（1994）子供の言語指導における自然な方法―相互作用アプローチと伝達場面設定型指導, および環境言語指導―. 聴能言語学研究, 11（1）, 1-15.

大井　学（1995）語用論的アプローチによる言語指導. 特殊教育学研究, 32（4）, 67-72.

大井　学（2004）高機能広汎性発達障害をもつ人のコミュニケーション支援. 障害者問題研究, 32（2）, 22-30.

大久保　愛（1967）幼児言語の発達. 東京堂出版, pp.148-170.

大野裕史・進藤桂子・柘植雅義・溝上浩一・山田千枝・吉元英志・三浦　剛（1987）発達障害児における「ちょうだい」-「ありがとう」言語連鎖の形成Ⅰ. 日本特殊教育学会第25回大会発表論文集, 532-533.

大野裕史・柘植雅義・進藤桂子・溝上浩一・山田千枝・吉元英志・三浦　剛（1987）発達障害児における「ちょうだい」-「ありがとう」言語連鎖の形成Ⅱ. 日本特殊教育学会第25回大会発表論文集, 534-535.

大野裕史・吉元英志・進藤桂子・柘植雅義・溝上浩一・山田千枝・三浦　剛（1987）発達障害児における「ちょうだい」-「ありがとう」言語連鎖の形成Ⅲ. 日本特殊教育学会第25回大会発表論文集, 536-537.

Panyan, M. C. & Hall, R. V. (1978) Effects of serial versus concurrent task sequencing on acquisition, Maintenance, and generalization. *Journal of Applied Behavior Analysis*, 11, 67-74.

Paul, R., Campbell, D., Gilbert, K., & Tsiouri, I. (2013) Comparing spoken language treatments for minimally verbal preschoolers with autism spectrum disorders. *Journal of Autism and Developmental Disorders*, 43, 418-431.

Reeve, S. A., Reeve, K. F., Townsend, D. B., & Poulson, C. L. (2007) Establishing a generalized repertoire of helping behavior in children with autism. *Journal of Applied Behavior Analysis*, 40, 123-136.

Rincover, A.& Koegel, R. L. (1975) Setting generality and stimulus control in autistic children. *Journal of Applied Behavior Analysis*, 8, 235-246.

Rogers-Warren, A. & Warren, S. E. (1980) Mand for verbalization: Facilitating the

display of newly trained language in children. *Behavior Modification*, 4, 361-382.
佐々木正美（1993）自閉症療育ハンドブック．学習研究社, p.103.
佐竹真次（1996）自閉症児における伝達行動の指導：精神薄弱養護学校の活動の中で．行動分析学研究, 9 (2), 121-127.
佐竹真次（2000）発達障害児の言語獲得研究に関する近年の動向—学校教育における応用行動分析的実践研究の成果を中心に—．山形保健医療研究, 3, 83-97.
佐竹真次・小林重雄（1994）自閉症児における既得の表現とは異なる教示要求表現の形成とその機能的差異．特殊教育学研究, 32 (1), 27-32.
里見恵子（1994）ビデオ分析の実際．竹田契一・里見恵子（編著），インリアル・アプローチ．日本文化科学社, pp.63-79.
Schiefelbusch, R. L. (1992) Forward. Warren, S. F. & Reichle, J. (Eds.), *Causes and effects in communication and language intervention*. Paul Brookes Publishing Co, Baltimore.
Schrandt, J. A., Townsend, D. B., & Poulson, C. L. (2009) Teaching empathy skills to children with autism. *Journal of Applied Behavior Analysis*, 42, 17-32.
Schroeder, G. L. & Baer, D. M. (1972) Effect of concurrent and serial training on generalized vocal imitation in retarded children. *Developmental Psychology*, 6, 293-301.
Secan, K. E., Egel, A. L., & Tilley, C. S. (1989) Acquisition, generalization, and maintenance of question-answering skills in autistic children. *Journal of Applied Behavior Analysis*, 22, 181-196.
関戸秀子・関戸英紀（2009）知的障害児に対する文字を用いたコミュニケーション行動の形成とその般化促進—行動問題の減少を中心に．臨床発達心理実践研究, 4, 164-170.
関戸英紀（1994）エコラリアを示す自閉症児に対する共同行為ルーティンによる言語指導—「買い物」ルーティンでの応答的発話の習得—．特殊教育学研究, 31 (5), 95-102.
関戸英紀（1995）自閉症児における競争行動の獲得過程—ジャンケン技能の獲得を中心に—．特殊教育学研究, 32 (5), 119-125.
関戸英紀（1996a）自閉症児に対するスクリプトを利用した電話による応答の指導．特殊教育学研究, 33 (5), 41-47.
関戸英紀（1996b）自閉症児における書字を用いた要求言語行動の形成とその般化促進—物品，人，および社会的機能の般化を中心に—．特殊教育学研究, 34 (2), 1-10.
関戸英紀（1998）―自閉症児における応答的発話の習得—共同行為ルーティンによる言語指導を通して—．特殊教育学研究, 36 (1), 29-37.

関戸英紀（1999）自閉症児におけるジャンケン技能の習得―VA3歳の自閉症児の指導を通して―．特殊教育学研究，37（2），71-80．

関戸英紀（2001）あいさつ語の自発的表出に困難を示す自閉症児に対する共同行為ルーティンによる言語指導．特殊教育学研究，38（5），7-14．

関戸英紀・川上賢祐（2006）自閉症児に対する「ありがとう」の自発的表出を促すルーティンを用いた言語指導―異なる場面での般化の検討を中心に―．特殊教育学研究，44（1），15-23．

関戸英紀・永野実生（2014）自閉症児に対する並行指導法を用いた「ありがとう」の始発の形成とその般化促進―日常生活での場面の般化を中心に―．特殊教育学研究，52（4），251-262．

Shabani, D. B., Katz, R. C., Wilder, D. A., Beauchamp, K., Taylor, C. R., & Fischer, K. J. (2002) Increasing social initiations in children with autism: Effects of a tactile prompt. *Journal of Applied Behavior Analysis*, 35, 79-83.

志賀利一（1990）応用行動分析のもう1つの流れ―地域社会に根ざした教育方法―．特殊教育学研究，28（1），33-40．

霜田浩信・岩永農子・菅野　敦・氏森英亜（1999）発達遅滞児における要求言語形成の試み―機会利用型指導法における前提条件の確立とその効果―．東京学芸大学特殊教育研究施設研究年報，81-89．

Simic, J. & Bucher, B. (1980) Development of spontaneous manding in language deficient children. *Journal of Applied Behavior Analysis*, 13, 523-528.

Snyder-Mclean, L. K., Solomonson, B., McLean, J. E.,& Sack, S. (1984) Structuring joint action routines: A strategy for facilitating communication and language development in the classroom. *Seminars in Speech and Language*, 5 (3), 213-228.

Sosne, J. B., Handleman, J. S., & Harris, S. L. (1979) Teaching spontaneous-functional speech to autistic-type children. *Mental Retardation*, 17, 241-245.

Stokes, T. F. & Baer, D. M. (1976) Preschool peers as mutual generalization-facilitating agents. *Behavior Therapy*, 7, 549-556.

Stokes, T. F. & Baer, D. M. (1977) An implicit technology of generalization. *Journal of Applied Behavior Analysis*, 10, 349-367.

Stokes, T. F., Baer, D. M., & Jackson, R. L. (1974) Programming the generalization of a greeting response in four retarded children. *Journal of Applied Behavior Analysis*, 7, 599-610.

多賀谷智子・佐々木和義（2008）小学4年生の学級における機会利用型社会的スキル訓練．教育心理学研究，56，426-439．

高橋和子 (1997) 高機能自閉症児の会話能力を育てる試み―応答能力から調整能力を目指して―．特殊教育学研究，34 (5)，99-108．

高橋和子 (2005) 高機能広汎性発達障害児集団でのコミュニケーション・ソーシャルスキル支援の試み―語用論的視点からのアプローチ―．教育心理学研究，44, 147-155．

竹田契一 (1994) インリアル・アプローチとは．竹田契一・里見恵子 (編著)，インリアル・アプローチ．日本文化科学社，pp.1-22．

Taylor, B. A. & Hoch, H. (2008) Teaching children with autism to respond to and initiate bids for joint attention. *Journal of Applied Behavior Analysis*, 41, 377-391.

Taylor, B. A., Hughes, C. E., Richard, E., Hoch, H., & Coello, A. R. (2004) Teaching teenagers with autism to seek assistance when lost. *Journal of Applied Behavior Analysis*, 37, 79-82.

Tsiouri, I., Simmons, E. S., & Paul, R. (2012) Enhancing the application and evaluation of a discrete trial intervention package for eliciting first words in preverbal preschoolers with ASD. *Journal of Autism and Developmental Disorders*, 42, 1281-1293.

渡部匡隆 (1997) コミュニティ・スキル訓練．山本淳一・加藤哲文 (編)，応用行動分析学入門．学苑社，pp.202-209．

渡部匡隆・上松　武・小林重雄 (1993) 自閉症生徒へのコミュニティスキル訓練―自己記録法を含むバス乗車指導技法の検討―．特殊教育学研究，31 (3)，27-35．

渡部匡隆・山口とし江・上松　武・小林重雄 (1999) 自閉症児童における代表例教授法を用いた支払いスキルの形成―複数店舗への般化の検討―．特殊教育学研究，36 (4)，59-69．

渡部匡隆・山本淳一・小林重雄 (1990) 発達障害児のサバイバルスキル訓練―買い物スキルの課題分析とその形成技法の検討―．特殊教育学研究，28 (1)，21-31．

山口　薫・上出弘之 (1988) 精神遅滞児の病理・心理・教育．東京大学出版会，pp.159-161．

山本淳一 (1997) コミュニケーション行動の般化とその自発的使用．山本淳一・加藤哲文 (編)，応用行動分析学入門．学苑社，pp.121-138．

山崎百子 (1994) 発達障害児における電話使用技能の形成―スクリプト・マニュアルを使って―．日本特殊教育学会第32回大会発表論文集，808-809．

山崎百子 (1996) 発達障害児における貨幣価の理解．特殊教育学研究，33 (4)，1-13．

山崎百子・進藤久和 (1997) 自閉症児に対するスクリプト・マニュアルを使った電話技能の教授とコミュニケーション技能の拡大．特殊教育学研究，35 (2)，19-31．

Yoder, P. J. & Kaiser, A. P. (1989) Alternative explanation for the relationship between maternal verbal interaction style and child language development. *Journal of Child Language*, 16, 141-160.

吉村由紀子 (1995) ストーリーゲーム型共同行為ルーティンを用いた言語指導の試み―ことばの教室での小集団によるコミュニケーション・構文の指導―. 特殊教育学研究, 32 (5), 75-81.

人 名 索 引

[A]

阿部芳久	11, 12, 13, 26, 27, 30
安部博志	72
藍田幸子	56
Alberto, P. A.	103
Almås, I. K.	104
安藤百枝	7
Apolloni, T.	2
Arntzen, E.	104

[B]

Baer, D. M.	3, 26, 104
Banda, D. R.	2
Beauchamp, K.	102
Ben-Arieh, J.	18, 19
Bondy, A.	4
Box, M. L.	102
Bucher, B.	3
Buffington, D. M.	2

[C]

Campbell, D.	12
Chan, J. M.	11
Charlop, M. H.	102
Clements, A.	104
Coello, A. R.	102
Conroy, M. A.	12
Conti-Ramsden, G.	5, 9, 56
Cooke, S.	2
Cooke, T. B.	2
Cowan, R. J.	2
Cruz, B. de la	11

[D]

Davis, T. N.	11
出口　光	2, 13, 26, 27, 28
Delprato, D. J.	12, 13
Dickson, S. M.	11
Dunlap, G.	2

[E]

Egel, A. L.	2
江口季好	29
江尻佳之	12

[F]

Fenski, E.	2
Fischer, K. J.	102
Francis, K. L.	102
Fridley, D.	87, 102
Frost, L.	4
藤田継道	4, 84

[G]

Garcia, E.	2, 3, 26
Gilbert, K.	12
Goldstein, H.	4, 12

権藤桂子 7

[H]

萩原悦子 33
Hall, L. 2
Hall, M. C. 121
Hall, R. V. 104, 120
Hall, S. W. 2
Handleman, J. S. 2
Harris, S. L. 2
Hart, B. 11, 27
Haydon, T. F. 12
Hobson, R. P. 72, 102
Hoch, H. 102
Horner, R. H. 43
Hughes, C. E. 102

[I]

飯高京子 33
飯塚暁子 43, 72
飯島啓太 11, 12
井上暁子 72
井上雅彦 4, 43, 72, 84
伊藤圭子 18, 20, 88
岩永農子 11

[J]

Jackson, R. L. 3

[K]

Kaiser, A. P. 6
角張憲正 72, 87
亀山千春 19, 122
上出弘之 72

片山ひろ子 17, 33, 44, 56, 73
加藤元繁 12
Katz, R. C. 102
川上賢祐 101, 103, 104
河内清美 8
河津洋三 4
小林重雄 43, 56, 57, 72, 73, 74, 88
Kodak, T. 104
Koegel, L. K. 12
Koegel, R. L. 2, 26
小井田久実 4
小島拓也 19
河野由実 11
小山智恵子 12
Krantz, P. J. 2

[L]

Lang, R. B. 11
Lee, A. 72, 102
Long, J. 26
Lovaas, O. I. 26
Love, S. R. 87, 102

[M]

Mancil, G. R. 12
Marzullo-Kerth, D. 102
桝蔵千恵子 7
Matson, J. L. 87, 102, 103
松田教生 27, 28
松田信夫 18, 20, 73, 88
McClannahan, L. E. 2
McConnell, S. R. 21, 102
McLean, J. E. 17
McTear, M. 5, 56

三浦　文	33
三浦　剛	21, 87, 102
宮﨑　眞	18, 20, 44, 56, 73
溝上浩一	21, 87, 102
水村和子	20, 56, 73
森本俊子	17, 44, 56, 73
森島　慧	11, 13, 27, 38, 39
望月　昭	3, 26, 28, 29, 41
村田孝次	62
無藤　隆	44, 57, 84

〔N〕

永野実生	123
長崎　勤	5, 15, 16, 17, 19, 20, 26, 33, 44, 56, 57, 59, 73, 75, 89, 122
長澤正樹	11, 13, 27, 38, 39, 56, 57
中川　円	56
中島　誠	28
中島陽子	56
中野良顕	3, 26
西原数馬	19, 20
野呂文行	11
野崎和子	3, 26

〔O〕

O'Dell, M.	2
小笠原　恵	11
小川倫央	84
岡田佳世美	20, 56, 73
奥　玲子	16
Olive, M. L.	11, 12
小野里美帆	16, 18, 20, 56, 57
大井　学	4, 5, 7, 8, 9, 16, 17, 44, 56
大久保　愛	62

大野裕史	21, 87, 102
O'Reilly, M. F.	11

〔P〕

Panyan, M. C.	104
Paul, R.	4, 12, 13
Poulson, C. L.	2, 102

〔R〕

Reeve, K. F.	102
Reeve, S. A.	102
Richard, E.	102
Rincover, A.	2, 26
Risley, T. R.	11, 27
Rogers-Warren, A.	2

〔S〕

Sack, S.	17
佐々木和義	12
佐々木正美	54
佐竹真次	10, 13, 44, 56, 57, 73, 74, 88
里見恵子	23
Schiefelbusch, R. L.	4
Schrandt, J. A.	102
Schreibman, L.	102
Schroeder, G. L.	104
Secan, K. E.	2
関　真佐美	11
関戸秀子	13
関戸英紀	13, 18, 19, 20, 42, 44, 55, 56, 57, 59, 71, 72, 73, 74, 75, 78, 86, 87, 88, 101, 103, 104, 123
Sevin, B. M.	102
Sevin, J. A.	87, 102

Shabani, D. B.	102
志賀利一	2, 26
霜田浩信	11, 14
Simic, J.	3
Simmons, E. S.	4
Simmons, J. Q.	26
下平弥生	18
進藤久和	72
進藤桂子	21, 87, 102
Snyder-Mclean, L. K.	17
Solomonson, B.	17
園山繁樹	4
Sosne, J. B.	2
Steveley, J. D.	43
Stokes, T. F.	3, 26
菅野　敦	11

〔T〕

多田昌代	12
多賀谷智子	12
高橋和子	8, 9
高橋甲介	11
竹田契一	7
竹内康二	4
Talkington, L. W.	2
玉澤里朱	18
Taylor, B. A.	102
Taylor, C. R.	102
Thibodeau, M. G.	102
Tilley, C. S.	2
Townsend, D. B.	102
Troutman, A. C.	103
Tsiouri, I.	4, 12
柘植雅義	21, 87, 102
土屋恵美	44, 56, 73

〔U〕

植田恵子	18, 20, 73, 88
上松　武	43, 72
氏森英亜	11
浦上幸枝	8

〔W〕

Warren, S. E.	2
渡辺浩志	3, 26
渡部匡隆	43, 72, 73
Wilder, D. A.	102
Williams, J. A.	43

〔Y〕

山田明子	19, 122
山田千枝	21, 87, 102
山口　薫	72
山口とし江	72
山本淳一	2, 13, 26, 27, 28, 43, 72, 85
山崎百子	44, 72
Yoder, P. J.	6
吉井勘人	19
吉元英志	21, 87, 102
吉村由紀子	18, 20, 44, 56, 73

〔Z〕

Zalewski, S.	2

事　項　索　引

〔あ　行〕

アドリブ　57, 84
維持　21, 22, 23, 29, 33, 37,
　　　41, 48, 78, 83, 85, 127, 128, 130
INREAL　5, 7, 8
エキスパンション　7
エコラリア　20, 45, 64, 70, 89, 128
援助要求　88, 109, 121
応答性　6, 9

〔か　行〕

間欠強化スケジュール　3, 101
機械利用型指導法　5, 10, 11, 12, 22,
　　　27, 28, 126, 127, 130, 132
機能　21, 23, 28, 33,
　　　36, 40, 58, 127, 130, 132
教示要求　88, 92, 103, 109, 121, 129
共同行為ルーティン　5, 14, 22,
　　　126, 129, 130, 132
共同注意（joint attention）　18, 102
系列指導法　104, 120, 123, 132
言語指導における自然な方法　4
言語の社会的機能　4
高機能広汎性発達障害児　8
行動連鎖法　73
心の理解　19

コミュニケーションモード　12
語用論革命　5
語用論上の誠実性原則　16, 55, 128

〔さ　行〕

ジェネラルケースインストラクション
　　　43
時間遅延　10, 48, 63, 77
時間遅延法　87, 103
指示性　6, 9
社会的参照（social referencing）　18
社会的妥当性　13
自立活動　21
借用　112, 88, 100
信頼性　79, 95, 112, 123, 133
スクリプト　15, 16, 44, 46, 56, 65, 70, 128
スクリプト・フェイディング手続き　18
セルフ・トーク　7
相互作用アプローチ　5, 6, 7, 9, 22, 23, 133
ソーシャル・スキル　72

〔た　行〕

貸与要求　103, 109, 121, 129
タクト（叙述言語行動；tact）　18, 104
断続試行訓練　2, 4, 12, 13, 14, 22, 126
伝達意図　22, 44, 56, 73, 126, 128, 132
特別支援学校学習指導要領　20, 21

〔な行〕

人間関係の形成　　　　　　　　20, 21

〔は行〕

パラレル・トーク　　　　　　　　　7
般化　　　2, 3, 26, 39, 40, 57, 67, 69,
　　　73, 82, 85, 95, 99, 104, 112, 115,
　　　118, 126, 127, 128, 129, 130, 132
般化促進技法　　　　　　　3, 4, 13, 28
被援助　　　　　　　　　　　109, 122
被供与　　　　　　100, 109, 122, 129
非言語行動　　　　　　　　　　　57
非言語的活動　　　　　　　　　13, 14
フォーマット　　　　　　　　　　15
フォローアップ・プローブ　94, 96, 101
物品要求　　88, 92, 100, 103, 109, 121, 129
プレテスト　　　　　　　63, 67, 78, 82,
　　　　　　　　　85, 111, 112, 113, 118
プローブ　　　　　48, 49, 71, 78, 94, 98
プロンプト　　　　　　7, 28, 31, 52, 62,
　　　　　　　　　77, 84, 95, 103, 127
文脈　　14, 15, 73, 78, 80, 83, 94, 98, 128
文脈（スクリプト）　　　　22, 126, 132
並行指導法　　　　　　　102, 104, 120,
　　　　　　　　　　123, 129, 130, 132
返却　　　　　　　88, 92, 103, 109, 121

補助代替コミュニケーション　　　　3
ポストテスト　　　　　　63, 67, 78, 82,
　　　　　　　　　85, 112, 113, 118

〔ま行〕

マルチ・ベースライン・デザイン
　　　　　　　　　　　　　　92, 103
マンド（要求言語行動／mand）18, 104
ミラリング　　　　　　　　　　　7
モデリング　　　　　　　　　　　7
モデル全提示　　　　48, 62, 77, 93, 111
モデル提示　　　　　　　　　10, 111
モデル部分提示　　　48, 62, 77, 93, 111
モード：表現様式　　　　　　　　27
モニタリング　　　　　　　　　　7

〔や行〕

要求言語行動　　　　11, 26, 32, 33, 38

〔ら行〕

リフレクティング　　　　　　　　7
ルーティン　　　　15, 16, 22, 45, 56, 60,
　　　　　　73, 76, 88, 90, 91, 106, 107,
　　　　　　108, 123, 126, 127, 128, 129, 132
連続強化　　　　　　　　　　　101

著者紹介

関戸英紀（せきど　ひでのり）

1956 年	石川県生まれ
1980 年	早稲田大学第一文学部文芸専修卒業
1982 年	横浜国立大学大学院教育学研究科障害児教育専攻（修士課程）修了。横浜市立の中学校・養護学校，横浜国立大学教育学部附属養護学校を経て，
1996 年	横浜国立大学教育学部講師
1997 年	横浜国立大学教育人間科学部助教授
2007 年	アメリカ合衆国アリゾナ大学客員研究員
現　在	横浜国立大学教育人間科学部教授　博士（教育学），臨床発達心理士，学校心理士
主　著	『新・特殊教育概論』（共著）
	『教育心理学入門』（共著）
	『教育のバリアフリー』（共訳）以上，八千代出版
	『スクリプトによるコミュニケーション指導』（共編著）
	『はじめての特別なニーズ教育』（共著）
	『こうすればできる：問題行動対応マニュアル』（共著）
	『スクリプトによる社会的スキル発達支援』（共編著）
	『社会的ライフスキルを育む』（共編著）以上，川島書店など。

自閉症児に対する日常の文脈を用いた言語指導
――ことばの支援とその般化促進――

2016 年 8 月 31 日　第 1 刷発行

著　者　関　戸　英　紀
発行者　中　村　裕　二
発行所　㈲川　島　書　店

〒165-0026
東京都中野区新井 2-16-7
電話 03-3388-5065
（営業・編集）電話 048-286-9001
FAX 048-287-6070

© 2016
Printed in Japan

印刷・三光デジプロ／製本・平河工業社

落丁・乱丁本はお取替いたします　　振替・00170-5-34102
＊定価はカバーに表示してあります

ISBN978-4-7610-0911-3　C3011

自閉児発達障害児 教育診断検査（三訂版）〔略称 PEP-3〕

E.ショプラー／茨木俊夫

検査用具（触覚積木・犬と猫の手人形・6片の牛の絵のパズル・9個の文字カードほか）　　★美装箱入り　本体 250,000 円
検査マニュアル（手引き・検査実施ガイド）　　★ B5・204 頁　本体 6,000 円
まとめの記録用紙・養育者レポートなど（5人分1セット）★本体 4,000 円
ISBN 978-4-7610-0847-5

自閉症スペクトラムの移行アセスメントプロフィール

ゲーリー・メジボブ,他　梅永雄二 監修/今本繁・服巻智子 監訳

自閉児（クライアント）にとって特別支援学校から就労への具体的な支援方法を見出すことができ、また「施設から就労へ」向けた支援の実践的資料を提供して、多くの場面で自立を図る上での有用なアセスメントとして利用できるよう配慮したマニュアルである。　★ B5・270 頁　本体 7,600 円
ISBN 978-4-7610-0868-0

イラスト・まんが教材で「気持ち」を理解

納富恵子・今泉佳代子・黒木康代 編著

自閉症スペクトラム児の発達を支援するために作成された〈イラスト・まんが教材〉の解説書。「感情の気づき」を促す教材の活用により、子ども自身・支援者が共に「何に困っているのか」に気づくことができるようになる。自己理解を促す支援に有効なツールの紹介。　★ A5・170 頁　本体 2,000 円
ISBN 978-4-7610-0843-7

イラスト・まんが教材で「気持ち」を理解　教材・記録用紙セット

納富恵子 監修/オフィスぷらんぷらん制作

セット内容（1セット）:
〔教材〕□イラストワークシート 20 枚 □まんがワークシート 19 枚（16 課題）□表情サンプル　〔記録用紙〕□フェイスシート □記録シート（イラスト用／まんが用）□支援者用記録シート　　★ A4　本体 1,200 円

一人ひとりの教育的ニーズに応じた 特別支援教育入門

氏森英亞・宮﨑眞 編著

「特殊教育」から「特別支援教育」へと障害児教育の転換が図られている今日、障害児の教育や福祉に携わろうとする若い人たちが特別支援教育について学ぶための、個人の教育的・発達的ニーズに応じた支援の実際を、個別指導に焦点を当てた入門書。　★ A5・238 頁　本体 2,500 円
ISBN 978-4-7610-0830-7

川島書店

http://kawashima-pb.kazekusa.co.jp/　（価格は税別 2015 年 12 月現在）

こうすればできる：問題行動対応マニュアル

長澤正樹・関戸英紀・松岡勝彦 著

ADHD・LD・高機能自閉症・アスペルガー障害の理解と支援。学校を中心として教育委員会―福祉―医療―産業現場―大学等がいかに連携・協働して支援をしていくかを実践例により紹介し、応用行動分析学をバックボーンに指導技法や支援の方法を解説していく。★ A5・224頁　本体2,200円
ISBN 978-4-7610-0822-2

LD・ADHD〈ひとりでできる力〉を育てる 改訂増補版

長澤正樹 編著

特別な教育的ニーズのある子どもが〈自分でできる〉という自己肯定感を高め、自分自身でものごとを解決する力を育てる有効な指導・支援の方法をわかりやすく解説。個別教育計画の作成方法から評価までを紹介。自己決定・自己解決を中心に改訂し新情報を増補。★ A5・268頁　本体2,400円
ISBN 978-4-7610-0838-3

LD児の認知発達と教育

高山佳子 著

LD児についての概論書のかたちをとりながら、その発達の偏りを認知心理学的視点からわかりやすく解説。さらに指導の実際としてLD児の基本的な障害である"聞く、話す、読む、書く、計算する"について具体的に例示していく個別教育計画のための基本書。　★ A5・180頁　本体2,300円
ISBN 978-4-7610-0653-2

LD児の指導法入門

鈴村健治・佐々木徳子 著

出現率約2.3％、小学校の各クラスに1人はいるといわれるLD児の治療教育のすすめ方を、子どもについての基礎資料や指導の手掛りとしての特徴を紹介し、具体的な指導法とその検討を解説していく。親、先生、指導員のためのガイドブック。　　　★ A5・186頁　本体1,800円
ISBN 978-4-7610-0473-6

困った子どもとのかかわり方

河合伊六 著

「こどばが遅れている」「キレる」「弱い子どもをいじめる」「登校を渋る」「言うことを聞かない」など、子どもの困った行動を、《適切な行動に育成する》ための"思いきった発想転換"を推奨する、行動分析による新しい保育・教育実践のわかりやすい指導書。　★四六・190頁　本体2,000円
ISBN 978-4-7610-0723-2

川島書店

http://kawashima-pb.kazekusa.co.jp/　（価格は税別 2015年12月現在）

マンガでまなぶ気持ちの理解

佐竹真次 編著/大井明子・斎藤丈寛 著

広汎性発達障害児への4こまマンガによる感情語表出支援。自分の中には感情があり,感情は名づけることができ,感情をことばで表現すると気持ちを他人にわかってもらえる。それがわかりできるように,感情を「ことばにすることを練習する」ためのワークブック。　★A4・118頁　本体2,000円
ISBN 978-4-7610-0863-5

スクリプトによるコミュニケーション指導

長崎勤・佐竹真次・宮﨑眞・関戸英紀 編著

発達課題例による25のスクリプトの紹介や教育現場で行なわれた7つの実践指導例の解説により,子どもが直接かかわる家庭・学校・施設などでの生活場面・課題場面の文脈を利用しての指導の有効性を明らかにする個別教育計画のための新しい指導書。　★A5・248頁　本体2,300円
ISBN 978-4-7610-0643-3

スクリプトによる社会的スキル発達支援

長崎勤・宮﨑眞・佐竹真次・関戸英紀・中村晋 編著

軽度発達障害児の社会性の特徴と身につけさせたい社会的スキルを整理し,アセスメントの進め方,スクリプト(生活の型・生活のスタイル)による支援の方法・技法を解説し,指導の実践研究と35例のスクリプト集によりその実際を紹介する有効な指導書。　★A5・274頁　本体2,800円
ISBN 978-4-7610-0841-3

社会的ライフスキルを育む

吉井勘人・長崎勤・佐竹真次・宮﨑眞・関戸英紀・中村晋
亀田良一・大槻美智子・若井広太郎・森澤亮介 編著

発達障害の人たちの社会参加に向けた社会的ライフスキルの活用を,生活に必要なソーシャルスクリプトの獲得によって,生活の豊かさ(QOL)や暮らしの再構築の実現を目指す発達支援の書。インクルーシブ教育に向けて,明日の支援に活かすガイドブック。　★B5・152頁　本体2,000円
ISBN 978-4-7610-0906-9

学習につまずきのある子の地域サポート

金谷京子・納富恵子・伊東政子・中山健・吉田ゆり・緒方明子・山根律子 共著

子ども自身のかかえるリスクと本人の意思にかかわらず起きる環境の問題を分析し,子どもたちを理解し援助していく手立てについてわかりやすく解説。地域でできるサポートについて提案するLD・ADHD・広汎性発達障害児の援助の書。　★A5・186頁　本体1,800円
ISBN 978-4-7610-0738-6

川島書店

http://kawashima-pb.kazekusa.co.jp/　(価格は税別 2015年12月現在)